La grammaire française avec Le Petit Prince

「星の王子さま」で学ぶ
フランス語文法

三野博司 著

大修館書店

はじめに

　この本はフランス語の文法書です。
　文法の基礎についてはもれなく丁寧に解説してあります。
　でも…ただの文法書ではないのです。
　フランス語を学ぶには絶対に欠かせない文法の勉強，とはいえ，ともすれば無味乾燥になりがちな文法の勉強——それを少しでも楽しいものにするために強力な助っ人を招きました。
　とても魅力的な…おそらくこれ以上は望めないほどの助っ人。
　　星の王子さま
　この名作の物語をたどりながら，同時にフランス語の勉強もきちんと学べる——そんな本が作れないかと考えたのです。
　『星の王子さま』は，「まえがき（献辞）」，27章の物語，「あとがき」からなっています。これを40のユニテに分けて，基本文を冒頭に掲げて，解説を加えました。そして，それぞれのユニテごとに文法項目を配置し，段階を追って学べるようにしました。さらに，文法説明の例文としては，可能な限り多くの文章を『星の王子さま』から抜き出しています。
　こうして，物語の展開と，文法学習の進度とが平行するように工夫しました。物語の最後まで読み終えたら，フランス語文法の一通りを学習したことになります。
　なお，『星の王子さま』からの引用文に付した訳文は今回新たに作成しました。

　　　　　　　　　＊　＊　＊

　『星の王子さま』の作者サン゠テグジュペリは，1900年，フランス中央部の都市リヨンに生まれました。当時としてはまだ不安定な乗り物であった飛行機のパイロットとして路線開拓や郵便飛行に従事するかたわら，空から見た叙事詩というべきいくつかの作品を書き残しています。

はじめに

　『星の王子さま』は，1942年，すなわち第二次大戦のさなかに，亡命中のニューヨークで執筆されました。祖国フランスから遠く離れた町で失意の状態にあったサン＝テグジュペリに，友人たちが本を書くことを勧めたのです。彼がいたずら書きのように描いていたあの雲に乗った少年の絵，あの子を主人公にして物語を作り，子どもたちへのクリスマス・プレゼントにしてはどうかと…。クリスマスには間に合わなかったのですが，本は書き上げられて，1943年4月に英語版とフランス語版がニューヨークで出版されます。しかしそれは，サン＝テグジュペリが決死の覚悟で北アフリカ戦線に向かって出発する1週間前のことでした。

　それから1年後，1944年7月，コルシカ島から偵察飛行のために祖国フランスへ向けて飛び立ったサン＝テグジュペリは不帰の人となります。こうして『星の王子さま』はまさに彼の遺書となったのです。

2007年3月15日

三野　博司

目次

はじめに iii

フランス語のアルファベ 2

ユニテ1　小さな王子さま　4
　§1　名詞の性　5
　§2　名詞の数　6

ユニテ2　ひとりのおとな　8
　§3　冠詞　9
　§4　提示表現　11

ユニテ3　おとなたち　13
　§5　形容詞　14

ユニテ4　君たちにも想像してもらえるだろう　17
　§6　主語人称代名詞　18
　§7　第1群規則動詞の直説法現在　18

ユニテ5　角が生えているだろ…　21
　§8　基本動詞 être, avoir　22

ユニテ6　これはモノじゃないよ　25
　§9　否定文　25

目次

ユニテ7　君はほかの星から来たのかい？　28
　§10　疑問文　29
　§11　否定疑問　31

ユニテ8　僕のヒツジをどこへ…　32
　§12　所有形容詞　33
　§13　指示形容詞　34

ユニテ9　年齢はいくつなんだい？　36
　§14　疑問形容詞　37
　§15　疑問副詞　38

ユニテ10　バオバブに気をつけなさい！　39
　§16　命令法　40

ユニテ11　夕陽を見に行こうよ　42
　§17　不規則動詞 aller と venir　43
　§18　近接未来と近接過去　44

ユニテ12　アメリカ合衆国が正午のとき…　46
　§19　前置詞 à, de と定冠詞の縮約　47
　§20　国名・州名・都市名と前置詞　47

ユニテ13　トゲなんて，なんの役にも立たないさ　49
　§21　第2群規則動詞の直説法現在　50
　§22　-ir 型の不規則動詞　51

ユニテ14　トラなんか少しも怖くないわ　53
　§23　-re, -oir 型の不規則動詞　54

ユニテ15　あなたが好きよ　59
　§24　目的語人称代名詞(1)　60
　§25　人称代名詞の強勢形　63

ユニテ16　他人を裁くより，自分を裁くほうがむずかしい　66
　§26　形容詞・副詞の比較級　67

ユニテ17　わたしがいちばん美男子だ　70
　§27　形容詞・副詞の最上級　71

ユニテ18　そこで何をしているの？　74
　§28　疑問代名詞(1)　75

ユニテ19　3たす2は5　79
　§29　数詞(1)　80

ユニテ20　きみは星を摘み取ることはできないよ　83
　§30　不定詞を従える動詞　84

ユニテ21　指令は変わらなかった　87
　§31　過去分詞　88
　§32　直説法複合過去　88
　§33　複合過去の用法　90

ユニテ22　海がどこにあるかを知っている学者なのだ　92
　§34　関係代名詞(1)　93

ユニテ23　およそ20億人のおとなたちがいる　96
　§35　数詞(2)　97
　§36　数詞(3)　98

ユニテ24　おれが触れるものは…　100
　§37　指示代名詞　101

ユニテ25　6, 7人はいると思うわ　104
　§38　非人称構文　105

ユニテ26　ひと目で見わたせるだろうな…　110
　§39　直説法単純未来　111
　§40　直説法前未来　113

ユニテ27　ぼくの持っているのは…　115
　§41　第1群規則動詞の変則形　116
　§42　疑問代名詞(2)　117
　§43　関係代名詞(2)：前置詞を伴うもの　118

ユニテ28　おれは手なずけられていない　120
　§44　受動態　121

ユニテ29　みんな似たり寄ったりだ　124
　§45　代名動詞　125

§46 代名動詞の用法　127

ユニテ30　水をやったのはそのバラなんだ　130
　§47　強調構文　131

ユニテ31　もしそれを取り上げたら　134
　§48　目的語人称代名詞(2)　135

ユニテ32　なんでも自分の好きなことをするのさ　137
　§49　中性代名詞：en, y, le　138

ユニテ33　僕は古い屋敷に住んでいた　144
　§50　直説法半過去　145

ユニテ34　そこから生まれた水なのだ　149
　§51　直説法大過去　150

ユニテ35　見つかるかもしれないんだ　153
　§52　条件法現在　154
　§53　条件法過去　157

ユニテ36　引きとめる手立てが何もなかった　160
　§54　接続法現在　161
　§55　接続法過去　164
　§56　接続法の用法　165
　§57　接続法半過去・大過去　168

ユニテ37　空を眺めて笑うきみを見て　172
　§58　現在分詞　173
　§59　ジェロンディフ　176

ユニテ38　静かに彼は倒れた　178
　§60　直説法単純過去　179
　§61　直説法前過去　181

ユニテ39　たいへんなことが起こっている　183
　§62　不定代名詞　184
　§63　所有代名詞　186

ユニテ40　いちばん悲しい景色なんだ　188
　§64　基本文型　189
　§65　直接話法と間接話法　190

◆フランス語の発音　193
　§1　綴り字記号　193
　§2　母音の発音　194
　§3　子音の発音　198
　§4　音節の切り方　202
　§5　発音上の約束　202
　§6　フランス語の句読記号　204

◆動詞活用表（être, avoir, aimer, finir）　205

索引　209

「星の王子さま」で学ぶ
フランス語文法

フランス語のアルファベ

英語と同じく26文字です。Alphabet は，フランス語では最後の子音（t）を発音しないため，アルファベと発音します。

A a [ɑ]	ア	N n [ɛn]	エヌ
B b [be]	ベ	O o [o]	オ
C c [se]	セ	P p [pe]	ペ
D d [de]	デ	Q q [ky]	キュ
E e [ə]	ウ	R r [ɛr]	エール
F f [ɛf]	エフ	S s [ɛs]	エス
G g [ʒe]	ジェ	T t [te]	テ
H h [aʃ]	アシュ	U u [y]	ユ
I i [i]	イ	V v [ve]	ヴェ
J j [ʒi]	ジ	W w [dubləve]	ドゥブルヴェ
K k [kɑ]	カ	X x [iks]	イクス
L l [ɛl]	エル	Y y [igrɛk]	イグレック
M m [ɛm]	エム	Z z [zɛd]	ゼッド

☆「フランス語の発音」については，p.193以降でくわしく説明しています。

☆アルファベの筆記体

𝒜	a	𝒩	n
ℬ	b	𝒪	o
𝒞	c	𝒫	p
𝒟	d	𝒬	q
ℰ	e	ℛ	r
ℱ	f	𝒮	s
𝒢	g	𝒯	t
ℋ	h	𝒰	u
ℐ	i	𝒱	v
𝒥	j	𝒲	w
𝒦	k	𝒳	x
ℒ	l	𝒴	y
ℳ	m	𝒵	z

フランス語のアルファベ

ユニテ1　小さな王子さま
―― 名詞の性と数

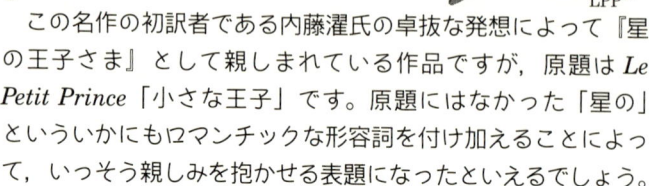

Le Petit Prince
小さな王子さま

　この名作の初訳者である内藤濯氏の卓抜な発想によって『星の王子さま』として親しまれている作品ですが，原題は *Le Petit Prince*「小さな王子」です。原題になかった「星の」といういかにもロマンチックな形容詞を付け加えることによって，いっそう親しみを抱かせる表題になったといえるでしょう。

　最初の Le は定冠詞，次の Petit「小さな」は形容詞ですが，これらについてはあとのユニテで学ぶことにして，ここでは Prince「王子さま」について説明しましょう。

　英訳だと Le Petit Prince は，The Little Prince となります。Prince の綴りは同じですが，フランス語では発音が「プランス [prɛ̃s]」となります。「王子さま」というと，「王女さま」が連想されますが，英語では princess，フランス語では princesse（発音は「プランセス」）と綴りが少し異なります。

　ところで，フランス語では英語とは違って，このように人を表す名詞だけでなく，すべての名詞が男性名詞と女性名詞に分かれます。prince が男性名詞，princesse が女性名詞というだけでなく，livre「本」は男性名詞，table「机」は女性名詞…といった具合です。

　そして，もし「王子さま」が2人以上いれば，これは princes となり，複数形の -s がつきます。ただし，この -s は発音しないので，単数の prince も，複数の princes も，「プランス」と読みます。それでは耳で聞いたときに単数か複数かわからないと思われるでしょうが，そこで活躍するのが冠詞なのです。これについては次のユニテで説明します。

§1. 名詞の性

(A) 男性名詞と女性名詞

　フランス語の名詞はすべて男性名詞か女性名詞に分けられます。これは自然の性とは関係がなく，文法上の性と呼ばれています。『星の王子さま』に出てくる名詞も，もちろん男性名詞と女性名詞に分けられます。たとえば第1章の初めに出てくる名詞を，男性名詞と女性名詞に分けると次のようになります。

男性名詞	女性名詞
livre [livr] 本 リーヴル	image [imaʒ] イメージ イマージュ
serpent [sɛrpɑ̃] ヘビ セルパン	forêt [fɔrɛ] 森 フォレ
fauve [fov] 野獣 フォーヴ	histoire [istwar] 物語 イストワール

(B) 女性名詞の作り方

　自然の性を持つ名詞の多くは男性形から女性形を作ることができます。たとえば，男性名詞のprince（王子）から女性形のprincesse（王女）を作ることができます。

1） 原則としては，男性形＋-e で女性形になります。

　　ami [ami] 友だち（男性）　→　amie [ami] 友だち（女性）
　　アミ　　　　　　　　　　　　　アミ

　　étudiant [etydjɑ̃] 男子学生　→　étudiante [etydjɑ̃t] 女子学生
　　エテュディアン　　　　　　　　　エテュディアント

　☆語末が子音のときは，-e をつけると，その子音が発音されるようになります。

2） -e をつけるときに，子音を重ねたり，アクサン記号をつけるものがあります。

　　Parisien [parizjɛ̃] パリの人（男性）
　　パリズィアン

　　　　　　　　→　Parisienne [parizjɛn] パリの人（女性）
　　　　　　　　　　パリズィエヌ

étranger [etrɑ̃ʒe] 外国人(男性) → étrangère [etrɑ̃ʒɛr] 外国人(女性)
エトランジェ　　　　　　　　　　　　　　　エトランジェール

3) 特殊な女性名詞語尾をつけるものもあります。上で紹介した prince などがそうです。

prince [prɛ̃s] 王子 → princesse [prɛ̃sɛs] 王女
プランス　　　　　　　　　　プランセス

acteur [aktœr] 男優 → actrice [aktris] 女優
アクトゥール　　　　　　　　アクトゥリス

vendeur [vɑ̃dœr] 店員 → vendeuse [vɑ̃døz] 女店員
ヴァンドゥール　　　　　　　　ヴァンドゥーズ

(C) 両方の性を含むものもあります（男性形も女性形も同じ形です）。

enfant [ɑ̃fɑ̃] 子ども　　élève [elɛv] 生徒
アンファン　　　　　　　　　エレーヴ

artiste [artist] 芸術家
アルティスト

(D) 次のように男性形と女性形で形の異なるものもあります。

homme [ɔm] 男 ― femme [fam] 女
オム　　　　　　　　　ファム

frère [frɛr] 兄弟 ― sœur [sœr] 姉妹
フレール　　　　　　　　スール

fils [fis] 息子 ― fille [fij] 娘
フィス　　　　　　　　フィーユ

père [pɛr] 父 ― mère [mɛr] 母
ペール　　　　　　　　メール

§2 名詞の数

名詞は必ず単数か複数か，いずれかの形で使われます。

(A) 複数形の作り方

1) 原則として，単数形＋-s で複数形になります。複数を示す -s はつねに発音されません。

mouton [mutɔ̃] ヒツジ → moutons
ムトン　　　　　　　　　　　　ムトン

étoile [etwal] 星 → étoiles
エトワル　　　　　　　　エトワル

ami [ami] 友だち → amis
アミ　　　　　　　　　アミ

2）語末が -eau, -au, -eu のものは，単数形＋-x で複数形になります。この -x も発音されません。

oiseau [wazo] 鳥　→　oiseaux
ワゾ　　　　　　　　　ワゾ

cheveu [ʃ(ə)vø] 髪　→　cheveux
シュヴー　　　　　　　　シュヴー

3）語末が -al のものは，-aux で複数形になります。

animal [animal] 動物　→　animaux [animo]
アニマル　　　　　　　　　アニモー

4）語末が -s, -x, -z のものは，単複同形です。

corps [kɔr] 身体　→　corps
コール

voix [vwa] 声　→　voix
ヴォワ

nez [ne] 鼻　→　nez
ネ

5）その他の複数形には，次のものがあります。

travail [travaj] 仕事　→　travaux [travo]
トラヴァイユ　　　　　　　トラヴォー

bijou [biʒu] アクセサリー　→　bijoux [biʒu]
ビジュー　　　　　　　　　　　ビジュー

monsieur [məsjø] ～さん（男性）　→　messieurs [mesjø]
ムッスィユー　　　　　　　　　　　　メッスィユー

madame [madam] ～さん（既婚女性）　→　mesdames [medam]
マダム　　　　　　　　　　　　　　　　マダム

mademoiselle [madmwazɛl] ～さん（未婚女性）
マドモワゼル

　　　　　　　　　　　　　　→　mesdemoiselles [medmwazɛl]
　　　　　　　　　　　　　　　　　メドモワゼル

ユニテ ❶ ―名詞の性と数

ユニテ2　ひとりのおとな
―― 冠詞・提示表現

- une grande personne
- ひとりのおとな（まえがき）

　冒頭には，この本の読者である子どもたちに呼びかける形で，「レオン・ヴェルト」への献辞が掲げられています。ヴェルトは，サン＝テグジュペリより22歳年長のユダヤ系フランス人の友人でした。祖国フランスにおいて困難な状況に生きている同胞への思いを記すことから，この本は始まるのです。

「この本をひとりのおとな（une grande personne）に捧げたことを，子どもたちには許してほしい」

　このあと，作者は子ども向けの本をおとなに捧げたことの言い訳を3つ並べてみせます。そして，この言い訳でもまだ充分でないなら，このおとなも昔は子どもだったのだから，その子どもにこの本を捧げたいと述べるのです。ここには，すでにこの物語の主題である子ども enfant（アンファン）とおとな grande personne（グランド　ペルソンヌ）の対立が明示されています。

　grande personne は文字通り「大きな人」で「おとな」の意味になります。名詞 personne「人」が文法的に女性名詞なので，男性を指す場合でも女性形の形容詞 grande（p.14で学びます）と，女性形の不定冠詞 une（ユヌ）が付いています。

　この「おとな」は実は作者サン＝テグジュペリの友人なのですが，この「まえがき」の冒頭において初めて話題になるので，ここではまだ限定されていません。したがって，不定冠詞がついて，une grande personne「あるひとりのおとな」として提示されるのです。

§3 冠詞

フランス語の冠詞には，英語と同じように〈不定冠詞〉〈定冠詞〉のほか，フランス語特有の〈部分冠詞〉と呼ばれる冠詞があります。フランス語の文中では，名詞はこれらの冠詞（もしくはあとで学ぶ所有形容詞や指示形容詞などの名詞限定語）をつけて使われるのが原則で，冠詞の省略はむしろ例外的用法に属します。

(A) 不定冠詞

初めて名詞を提示するとき，これを数えられるものとしてとらえている場合には，不定冠詞をつけます。単数では男性と女性が区別されて，それぞれ un, une となります。英語では冠詞がつかない複数名詞にも，フランス語では冠詞の複数 des がつきます。これには男性・女性の区別はありません。

	単数	複数
男性	un [œ̃] アン	des [de] デ
女性	une [yn] ユヌ	

1) 子音（または有音の h→p.200）で始まる語の前。リエゾンもアンシェヌマン（→p.203）もしません。

   un mouton [œ̃ mutɔ̃] ヒツジ → des moutons [de mutɔ̃]
   アン ムトン　　　　　　　　　　　デ　ムトン

   une fleur [yn flœr] 花 → des fleurs [de flœr]
   ユヌ フルール　　　　　　　　デ フルール

   un héros [œ̃ ero] 英雄 → des héros [de ero]（単複同形）
   アン エロ　　　　　　　　　デ エロ

2) 母音（または無音の h→p.199）で始まる語の前
   a) 男性名詞では，リエゾンします。

   un arbre [œ̃narbr] 木 → des arbres [dezarbr]
   アンナルブル　　　　　　　　デザルブル

   un homme [œ̃nɔm] 人，男 → des hommes [dezɔm]
   アンノム　　　　　　　　　　　デゾム

b) 女性名詞では，単数でアンシェヌマン，複数でリエゾンします。

une̮étoile [ynetwal] 星 → des‿étoiles [dezetwal]
ユネトワル　　　　　　　　　　　　　デゼトワル

une̮histoire [ynistwar] 物語，歴史
ユニストワル

→ des‿histoires [dezistwar]
　デズィストワル

(B) 部分冠詞

初めて名詞を提示するとき，これを数えられないものとしてとらえている場合（不可算名詞）には，部分冠詞をつけます。男性と女性がありますが，（数えられないのだから）複数はありません。

男性	女性
du [dy] （de l'） デュ	de la [dla] （de l'） ドゥラ

1) 子音（または有音のh）で始まる語の前

du vin [dy vɛ̃] ワイン　　de la chance [dla ʃɑ̃s] 幸運
デュ ヴァン　　　　　　　　ドゥラ　シャンス

2) 母音（または無音のh）で始まる語の前

de l'argent [dlarʒɑ̃] お金　　de l'eau [dlo] 水
ドゥ ラルジャン　　　　　　　　ドゥ ロー

(C) 定冠詞

すでに話題になっている場合，限定を受けている場合，あるいは「〜というもの」のように総称を示す場合には，定冠詞をつけます。単数には男性と女性がありますが，複数には男女の区別がありません。

	単数	複数
男性名詞	le [lə] （l'） ル	les [le] レ
女性名詞	la [la] （l'） ラ	

ユニテ ❷ ひとりのおとな

1) 子音（または有音の h）で始まる語の前

 le livre [l(ə)livr] 本　→　les livres [le livr]
 ル　リーヴル　　　　　　　　　　レ　リーヴル

 la maison [la mεzɔ̃] 家　→　les maisons [le mεzɔ̃]
 ラ　メゾン　　　　　　　　　　　レ　メゾン

 le héros [l(ə)ero] 英雄, 主人公　→　les héros [le ero]
 ル　エロ　　　　　　　　　　　　　　レ　エロ

2) 母音（または無音の h）で始まる語の前。単数ではエリズィヨン（母音字省略→p.203），複数ではリエゾンが行われます。

 l'enfant [lɑ̃fɑ̃] 子ども　→　les‿enfants [lezɑ̃fɑ̃]
 ランファン　　　　　　　　　　レザンファン

 l'école [lekɔl] 学校　→　les‿écoles [lezekɔl]
 レコル　　　　　　　　　　レゼコル

 l'hôpital [lɔpital] 病院　→　les‿hôpitaux [lezɔpito]
 ロピタル　　　　　　　　　　レゾピトー

§4 提示表現

(A) **Voici**「ここに～がある」「これは～だ」
  Voilà「あそこに～がある」「あれは～だ」

 原則として，Voici [vwasi] ～ は近いものを，Voilà [vwala] ～ は遠いものを指しますが，今日では遠近の区別なく Voici に代わって Voilà を使うことが多くなっています。

Voici un mouton. [vwasi œ̃ mutɔ̃]　ここに1頭のヒツジがいる。
ヴォワスィ アン ムトン

Voici mon secret. [21] [vwasi mɔ̃ səkrε]
ヴォワスィ モン スクレ

 これがおれの秘密なんだ。[キツネのセリフです。mon は英語の my にあたる語ですが，p.33で学びます]

＊引用文の後の〔 〕内の数字は原文の章番号を表しています。

Voilà des garçons. [vwala de garsɔ̃]　あそこに少年たちがいる。
ヴォワラ デ ガルソン

ユニテ❷　冠詞・提示表現

11

Voilà la copie du dessin. 〔1〕 [vwala la kɔpi dy desɛ̃]
ヴォワラ ラ コピー デュ デッサン

これがその絵の模写なんだ。

[語り手のパイロットが言います。du は前置詞 de と定冠詞 le の縮約です（p.47 で学びます）]

(B) **C'est** [sɛ] ＋単数名詞 「これは〜だ」
　　　 Ce sont [s(ə)sɔ̃] ＋複数名詞 「これらは〜だ」

C'est un chapeau. 〔1〕 [sɛtœ̃ ʃapo] これは帽子さ。
セタン　　シャポー

[おとなたちのセリフです]

C'est un avion. 〔3〕 [sɛtœ̃navjɔ̃] これは飛行機だ。
セ　タン　ナヴィヨン

[語り手が王子さまに言います]

Ce sont des livres. [s(ə)sɔ̃de livr] それらは本です。
ス ソン　デ　リーヴル

(C) **Il y a** [ilja] 〜＋場所を表す表現で，「〜に〜がある」

Il y a des étoiles dans le ciel. [ilja dezetwal dɑ̃lə sjɛl]
イリヤ　デ　ゼトワル　ダン ル スィエル

空には星がある。

Il y a de l'eau dans le verre. [ilja dlo dɑ̃l(ə)vɛr]
イリヤ　ドゥ ロー　ダン ル ヴェール

グラスには水が入っている。

Il y a quelque part un vieux rat. 〔10〕 [ilja kɛlk par œ̃ vjø ra]
イリヤ　　ケルク　　パール　アン ヴィユー ラ

どこかに年老いたネズミが 1 匹いる。[王様が言います。quelque part は〈どこかに〉の意味です。]

Il y a des chasseurs ? 〔21〕 [ilja de ʃasœr]
イリヤ　デ　シャスール

猟師はいるかい？　[キツネがたずねます。ここでは文末に疑問符がつけられて疑問文になっています]

ユニテ3　おとなたち
——形容詞

les grandes personnes
おとなたち

　物語は語り手の回想から始まります。6歳のときのこと，絵本のなかで，けものを呑み込む大蛇（ボワ）のデッサンを見て心を動かされた語り手は，自分も同じような絵を描いて，「これ怖くない？」とおとなたちにたずねます。ところが，おとなたちの答えはいつも同じでした。「どうして帽子が怖いんだね」

　この第1章では，子ども時代の語り手がどれほどおとなたちの無理解に悩まされたか，そのことがおとなを揶揄する調子で語られます。この「おとなたち」は，フランス語では les grandes personnes です。ユニテ2の une grande personne （ひとりのおとな）ではなく，ここでは複数のおとなたち一般を指し示す複数の定冠詞 les がついています。

　「大きな」を意味する形容詞は grand です。英語の grand （壮大な）と同じ綴りですが，フランス語では語尾の子音は原則として発音しないので，グランと読みます。grande personne とは文字通り「大きな人」の意味ですが，personne 「人」が女性名詞なので，形容詞 grand も女性形となって grande となります。男性形 grand に -e をつけて女性形をつくればいいわけですが，語末の子音を読むので発音が変わります（grand 「グラン」→ grande 「グランド」）。さらにここでは，おとなたち personnes が複数ですから，形容詞の grande にも複数形の -s がついて grandes となります。ただし，複数の -s がついても発音は変わりません。

　なお，grande personne は子どもの立場から見た場合の「おとな」で，一般には adulte （アデュルト）を用います。

§5 形容詞

(A)形容詞の性・数変化

1） 形容詞の女性形・複数形の原則

　Le Petit Prince「小さな王子」に含まれている形容詞 petit（小さい）を例にとってみましょう。原則として女性形にするには -e を，複数形にするには -s を語尾につけます。

　また，この petit のように，子音で終わる形容詞が女性形になって -e がつくと，その子音が発音されるようになります。

	男性	女性
単数	petit [p(ə)ti] プティ	petite [p(ə)tit] プティット
複数	petits プティ	petites プティット

2） その他の形容詞の女性形

　a） -e で終わるものは無変化です。

　　　rouge [ruʒ]　→　rouge　赤い
　　　ルージュ

　b） -et / -er で終わるものはそれぞれ，-ète / -ère となります。

　　　complet [kɔ̃plɛ] 完全な　→　complète [kɔ̃plɛt]
　　　コンプレ　　　　　　　　　　コンプレート

　　　léger [leʒe] 軽い　→　légère [leʒɛr]
　　　レジェ　　　　　　　　レジェール

　c） -eux で終わるものの女性形は -euse です。

　　　heureux [œrø] 幸福な　→　heureuse [œrøz]
　　　ウルー　　　　　　　　　　ウルーズ

　d） 子音を重ねるもの

　　　bon [bɔ̃] 良い　→　bonne [bɔn]
　　　ボン　　　　　　　　ボヌ

　　　ancien [ɑ̃sjɛ̃] 古い　→　ancienne [ɑ̃sjɛn]
　　　アンスィアン　　　　　　アンスィエンヌ

　　　gros [gro] 太った　→　grosse [gros]
　　　グロ　　　　　　　　　グロス

e) 変則的な女性形

beau [bo] 美しい → belle [bɛl]

blanc [blɑ̃] 白い → blanche [blɑ̃ʃ]

doux [du] 甘い → douce [dus]

frais [frɛ] 新鮮な → fraîche [frɛʃ]

long [lɔ̃] 長い → longue [lɔ̃g]

sec [sɛk] 乾いた → sèche [sɛʃ]

3) その他の形容詞の複数形（名詞の複数とほぼ同じです）

a) -s → -s　français [frɑ̃sɛ] フランスの → français

   -x → -x　sérieux [serjø] まじめな → sérieux

b) -al → -aux　social [sɔsjal] 社会の → sociaux [sɔsjo]

(B) 形容詞の位置

1) フランス語では，形容詞は原則として名詞のうしろに置きます。『星の王子さま』の第1章，第2章から例をあげましょう。

un serpent boa *ouvert*　開いた大蛇（ボア）

un serpent boa *fermé*　閉じた大蛇（ボア）

une réparation *difficile*　むずかしい修理

la terre *habitée*　人が住む土地

2) 次のような，日常よく使われる短い形容詞は，名詞の前に置きます。

beau [bo] 美しい　　bon [bɔ̃] 良い　　grand [grɑ̃] 大きい

jeune [ʒœn] 若い　　joli [ʒɔli] きれいな　long [lɔ̃] 長い

ユニテ ❸　形容詞

mauvais [mɔvɛ] 悪い　petit [p(ə)ti] 小さい　vrai [vrɛ] ほんとうの
モヴェ　　　　　　プティ　　　　　　　　　ヴレ

le *petit* prince　小さな王子
ル　プティ　プランス

les *grandes* personnes　おとなたち
レ　グランド　　ペルソンヌ

☆複数名詞の前に形容詞が置かれるとき，不定冠詞 des は de となります。

une herbe　草　→　des herbes
ユ　ネルブ　　　　　デ　ゼルブ

une bonne herbe et une mauvaise herbe　良い草と悪い草
ユヌ　ボ　　ネルブ　エ　ユヌ　モヴェ　　ゼルブ

→　*de* bonnes herbes et *de* mauvaises herbes
　　ドゥ　ボヌ　　　ゼルブ　エ　ドゥ　モヴェズ　　ゼルブ

3) 男性第2形を持つ形容詞

次の形容詞は，母音（または無音の h）で始まる男性名詞の前では，男性第2形を用います。

男性	男性第2形	女性	
beau [bo] ボー	bel [bɛl] ベル	belle [bɛl] ベル	美しい
fou [fu] フー	fol [fɔl] フォル	folle [fɔl] フォル	狂った
mou [mu] ムー	mol [mɔl] モル	molle [mɔl] モル	やわらかい
nouveau [nuvo] ヌーヴォー	nouvel [nuvɛl] ヌーヴェル	nouvelle [nuvɛl] ヌーヴェル	新しい
vieux [vjø] ヴィユー	vieil [vjɛj] ヴィエイユ	vieille [vjɛj] ヴィエイユ	古い

un *bel* oiseau　美しい鳥
アン　ベロワゾー

un *nouvel* ami　新しい友
アン　ヌーヴェラミ

☆形容詞 beau の女性形と複数形

	男性	女性
単数	beau（bel） ボー	belle ベル
複数	beaux ボー	belles ベル

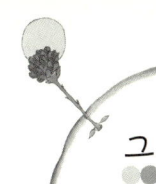

ユニテ4　君たちにも想像してもらえるだろう
―― 第1群規則動詞

- Alors vous imaginez ma surprise.
- 僕がどんなに驚いたか，君たちにも想像してもらえるだろう。(第2章)

「これは帽子さ」というおとなたちの答えに落胆した語り手は，将来画家になる夢をあきらめて，飛行機のパイロットになります。そして，6年前のこと，サハラ砂漠に不時着して…ここからいよいよ王子さまとの出会いである第2章が始まります。

　パイロットには飲み水は1週間分しかありませんでした。生死の境にあって，最初の夜に砂漠で眠り込んだ彼は，なんともいえないかわいい声で目をさまされます。

　「ぼくにヒツジの絵をかいて」Dessine-moi un mouton.

英訳では，Draw me a sheep. となっています。この dessine は, dessiner という第1群規則動詞の命令形ですが，命令形についてはあとで学びます。そこで，この章では次の文章を見ることにしましょう。語り手は，王子さまの声が突然聞こえてきたときのことを，こんなふうに語ります。

　「僕がどんなに驚いたか，君たちにも想像してもらえるだろう。(Alors vous imaginez ma surprise....)」

　直訳では，「そこで君たちは僕の驚きを想像する」となります。英訳では，So you can imagine my surprise... となって，can が補われています。主語の vous「君たち」は，読者を指しています。動詞 imaginez は，第1群規則動詞の imaginer が活用したものです。

　ここでは主語人称代名詞と第1群規則動詞について学びましょう。

§6　主語人称代名詞

主語を表す人称代名詞は次のようになります。

	単数	複数
1人称	je [ʒə] ジュ わたしは，僕は	nous [nu] ヌ わたしたちは
2人称	tu [ty] テュ 君は	vous [vu] ヴ あなたは，あなたたちは
3人称	il [il] イル 彼は，それは（男性名詞単数）	ils [il] イル 彼らは，それらは（男性名詞複数）
	elle [ɛl] エル 彼女は，それは（女性名詞単数）	elles [ɛl] エル 彼女らは，それらは（女性名詞複数）

☆注意
1) 1人称単数の je は，あとに来る動詞が母音字（または無音の h）で始まるときには，エリズィヨンが行われて，j' となります。また，英語の I とは異なり，je は文頭以外では小文字で書きます。
2) 2人称単数の tu は親しい間でのみ使い，ふつうは相手が1人であっても vous を使います。
3) 3人称は，人だけでなく物も指し示すことができます。なお，男女混合の複数では ils を用います。

§7　第1群規則動詞の直説法現在

(A) 動詞の不定詞の語尾

フランス語の動詞の不定詞（原形）には4種類の語尾があります。
1) 語尾が -er で終わるもの
　　もっとも数が多く，第1群規則動詞と呼ばれます。語幹は不変で，語尾が規則的に活用します。
2) 語尾が -ir で終わるもの

規則的な活用をするもの（第2群規則動詞）と，不規則な活用をするものとに分かれます。
3） 語尾が -re, -oir で終わるもの
すべて不規則動詞となります。

-er 型	第1群規則動詞　aimer, chanter など（約3600語） 不規則動詞 aller, envoyer, renvoyer（3語だけ）
-ir 型	第2群規則動詞　finir, choisir など（約350語） 不規則動詞　sortir 型，venir 型など（約100語）
-re 型	不規則動詞　prendre, rendre, dire, attendre, mettre, lire, écrire, boire など（約260語）
-oir 型	不規則動詞　voir, devoir, pouvoir, recevoir falloir, vouloir, asseoir など（約40語）

(B) 第1群規則動詞の活用語尾

直説法現在の活用語尾は次のようになります。直説法とは「行為・状態を現実のものとして表す法」のことで，ユニテ12までに学ぶ動詞は，§16の命令法を除き，すべて直説法です。

je	-e（無音）	nous	-ons [ɔ̃]
tu	-es（無音）	vous	-ez [e]
il/elle	-e（無音）	ils/elles	-ent（無音）

☆動詞の不定詞（原形）から語尾の -er を取り，主語代名詞に見合った活用語尾をつけます。語尾に -e, -es, -ent がつくとき，これらの語尾は発音しません。

danser [dɑ̃se] 踊る
ダンセ

je	dans**e** [ʒə dɑ̃s]	nous	dans**ons** [nu dɑ̃sɔ̃]
ジュ	ダンス	ヌ	ダンソン
tu	dans**es** [ty dɑ̃s]	vous	dans**ez** [vu dɑ̃se]
テュ	ダンス	ヴ	ダンセ
il	dans**e** [il dɑ̃s]	ils	dans**ent** [il dɑ̃s]
イル	ダンス	イル	ダンス
elle dans**e** [ɛl dɑ̃s]		elles dans**ent** [ɛl dɑ̃s]	
エル ダンス		エル ダンス	

『星の王子さま』から，第1群規則動詞 parler（話す），danser（踊る），chercher（探す），voyager（旅する），が直説法現在形に活用して使われている例をあげましょう。

Tu *parles* comme les grandes personnes!〔7〕
テュ パルル コム レ グランド ペルソンヌ

　きみは，おとなみたいなものの言い方をするね！［怒った王子さまがパイロットに言う場面です］

Ils *dansent* le jeudi avec les filles du village.〔21〕
イル ダンス ル ジュディ アヴェク レ フィーユ デュ ヴィラージュ

　彼らは木曜日には村の娘たちと踊るんだ。［キツネが王子さまに言います］

Je *cherche* les hommes.〔21〕
ジュ シェルシュ レ ゾム

　人間たちを探しているんだよ。［王子さまがキツネに言います］

Si vous *voyagez* un jour en Afrique, dans le désert.〔あとがき〕
スィ ヴ ヴォワイアジェ アン ジュール アンナフリック ダン ル デゼール

　もし，いつの日か，君たちがアフリカの砂漠を旅することがあれば…。［語り手が読者に語りかけます］

☆動詞が母音（または無音の h）で始まっているものは，母音字省略，リエゾン，アンシェヌマンに注意しましょう。

aimer [eme]　愛する	
j'aime [ʒem]　ジェム	nous aimons [nuzemɔ̃]　ヌゼモン
tu aimes [ty em]　テュ エム	vous aimez [vuzeme]　ヴゼメ
il aime [ilem]　イレム	ils aiment [ilzem]　イルゼム
elle aime [ɛlem]　エレム	elles aiment [ɛlzem]　エルゼム

J'*habite* en France.　　わたしはフランスに住んでいます。
ジャビット アン フランス

Vous *aimez* le petit prince.
ヴゼメ ル プティ プランス

　君たちは王子さまが好きです。

ユニテ ❹　君たちにも想像してもらえるだろう

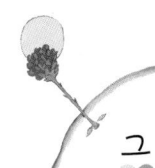

ユニテ5 角が生えているだろ…
―― 基本動詞 être, avoir

- C'est un bélier. Il a des cornes...
- これは乱暴な牡ヒツジだよ。角が生えているだろ…。
（第2章）

LPP™

　まるで砂漠におけるまぼろしのように出現した王子さまは，ヒツジを描いてほしいと頼みます。ところが，語り手のパイロットは，6歳のときに描いた大蛇（ボア）の絵をおとなたちに認めてもらえずに，画家になることをあきらめたのです。「絵は描けないんだ」と言いますが，それでもこの少年は，「いいから，ヒツジの絵を描いてよ」とせがみます。

　最初に描いたのは，なかの見えない大蛇（ボア）の絵，そう，あのおとなたちに「これは帽子さ」と言われ続けた絵なのです。ところが驚いたことに少年は，「大蛇（ボア）に呑みこまれたゾウなんかほしくないよ」と言うのです。

　別のを描いてよ，と言われてヒツジを描くと，こんどは「これはもう重い病気にかかっている」との返事。また描くと，返ってきたのは次のことばでした。

「これは乱暴な牡ヒツジだよ。角が生えているだろ…。
（C'est un bélier. Il a des cornes...）」

　王子さまが求めていたのは mouton（去勢された牡ヒツジ）でした。でも，パイロットが描いたのは bélier（去勢されていない牡ヒツジ）だったのです。

　1文目で使われている動詞 est は，英語の be 動詞にあたる être が，3人称単数に活用したものです。2文目の動詞 a は，英語の have 動詞にあたる avoir が，これもまた3人称単数に活用したものです。ここでは，この2つの基本動詞，être と avoir について学びましょう。

§8 基本動詞 être, avoir

(A) être

英語の be 動詞に当たります。「いる」「〜です」の意味になります。直説法現在の活用は次のようになります。

être [ɛtr]　いる, ある
　　エートル

je suis [ʒə sɥi]　　　　　nous sommes [nusɔm]
ジュ スュイ　　　　　　　ヌ ソム

tu es [tyɛ]　　　　　　　vous êtes [vuzɛt]
テュ エ　　　　　　　　 ヴ　ゼット

il est [ilɛ]　　　　　　　 ils sont [ilsɔ̃]
イレ　　　　　　　　　　 イル ソン

elle est [ɛlɛ]　　　　　　elles sont [ɛlsɔ̃]
エレ　　　　　　　　　　 エル ソン

☆3人称単数 il est, elle estではアンシェヌマンが, また2人称複数 vous êtesではリエゾンが行われます。

『星の王子さま』の第21章, 王子さまがキツネと出会う場面の冒頭では, être 動詞が多く使われています。以下, 主としてこの章からの例をあげてみましょう。

1) 「いる」の意味

　Je *suis* là. [21]　おれはここにいるよ。[キツネが登場する
　ジュ スュイ ラ
　　ときのセリフです。là は「ここに」「そこに」の意味です]

2) 「である」の意味 (あとに形容詞が続く例)

　Tu *es* bien joli. [21]
　テュ エ ビャン ジョリ

　　きみはとてもきれいだね。[王子さまが初めてキツネを見て
　　言います。bien は「とても」の意味です]

　Je *suis* tellement triste. [21]
　ジュ スュイ テルマン　　トリスト

　　ぼくは, とても悲しいんだ。[王子さまがキツネに言います。
　　tellement は「とても」の意味です]

Vous *êtes* belles, mais vous *êtes* vides.〔21〕
ヴ　ゼット　ベル　　メ　ヴ　ゼット　ヴィド

きみたちはきれいだ。でも、きみたちは空っぽなんだ。[王子さまが5千本のバラに向って言います]

3）「である」の意味（あとに名詞が続く例）

Je suis un renard.〔21〕　　　おれはキツネさ。
ジュ スィ　ザン ルナール

☆ただし、あとに「国籍、職業、身分など」を表す語がくると、冠詞はいりません。

Il *est* français.　　　彼はフランス人です。
イレ　フランセ

Elles *sont* étudiantes.　　　彼女たちは学生です。
エル　ソン　テテュディヤント

Mais vous *êtes* géographe !〔15〕
メ　ヴ　ゼット　ジェオグラーフ

でも、あなたは地理学者なんでしょう！　［王子さまが地理学者に向かって言います］

Tu *es* explorateur !〔15〕
テュ エ　エクスプロラトゥール

君は探検家なんだ！　［こんどは、地理学者が突然気づいて王子さまに言います］

(B)　avoir

英語の have 動詞に当たります。あとに目的語が続きます。

avoir [avwar] アヴォワール	もっている、ある
j'ai [ʒe] ジェ	nous avons [nuzavɔ̃] ヌ　ザヴォン
tu as [tya] テュ ア	vous avez [vuzave] ヴ　ザヴェ
il a [ila] イラ	ils ont [ilzɔ̃] イル ゾン
elle a [ɛla] エラ	elles ont [ɛlzɔ̃] エル　ゾン

ユニテ ❺　基本動詞　être, avoir

23

☆3人称単数 il a, elle a ではアンシェヌマンが，また複数ではすべての人称でリエゾンが行われます。

> *J'ai* trois volcans. ... *J'ai* aussi une fleur.〔15〕
> ジェ　トロワ　ヴォルカン　　ジェ　オッスィ　ユヌ　フルール
>
> ぼくのところには火山が3つあります。…花も一輪，咲いています。［王子さまが地理学者に言います］
>
> Ils *ont* des fusils.〔21〕
> イル ゾン デ　フュズィ
>
> 彼ら（村人）は猟銃を持っている。
> ［キツネが王子さまに言います］
>
> Ils *ont* de la chance.〔22〕
> イル ゾン ドゥラ シャンス
>
> 彼ら（子どもたち）は幸運だよ。
> ［転轍手が王子さまに言います。de la は部分冠詞女性形です］
>
> Tu *as* du bon venin ?〔26〕
> テュ ア デュ ボン ヴナン
>
> きみの毒はよく効くかい？
> ［王子さまがヘビにたずねます。du は部分冠詞男性形です］

☆英語の have と異なった用法

1) 年齢を示す表現

> *J'ai* dix-sept ans.　　わたしは17歳です。
> ジェ ディ セタン

2) 〈avoir + 冠詞のつかない名詞〉の形の熟語表現

> *J'ai* chaud (froid).　　わたしは暑い（寒い）。
> ジェ ショ （フロワ）
>
> *J'ai* faim (soif).　　わたしは空腹だ（のどが渇いている）。
> ジェ ファン （ソワフ）
>
> *J'ai* sommeil.　　わたしは眠い。
> ジェ ソメイユ

ユニテ❺——角が生えているだろ…

ユニテ6　これはモノじゃないよ
——否定文

- Ce n'est pas une chose.
- これはモノじゃないよ。(第3章)

　第2章で王子さまが出現したあと、第3章からは、語り手が王子さまについて少しずつ知識を得て、理解を深めていく過程が語られます。まず「神秘」が提示され、次にこの神秘を明らかにしていくという形で物語が展開するのです。

　パイロットの目の前に現れた不思議な少年…彼はどこか遠い星からやってきたらしい…そうしたことが少しずつわかりはじめてきます。少年は、初めてパイロットの飛行機に気づいたとき、「このモノはなんなの」とたずねます。そこで語り手はこう言うのです。

　「これはモノじゃないよ（Ce n'est pas une chose.）。飛ぶんだよ。飛行機だ。僕の飛行機だよ」

　英訳では It's not a thing. です。C'est une chose.「これはモノだよ」を否定文にすると、Ce n'est pas une chose. となります。英語では not だけですが、フランス語では ne(n') と pas の両方が必要です。

§9　否定文

(A)　否定文の作り方

　　動詞を ne ... pas ではさみます。動詞が母音（または無音の h）で始まる場合は、n'... pas となります。

Ce *n'*est *pas* un homme, c'est un champignon ! 〔7〕
スネ パ ザンノム セ タン シャンピニョン

それは人間じゃないよ、キノコだよ！〔王子さまがパイロットに言います〕

Je *ne* suis *pas* une herbe. 〔8〕
ジュヌ スュイ パ ユネルブ

わたしは草じゃないことよ。〔誇り高いバラの花のセリフです〕

(B) 否定の冠詞 de

直接目的語についた不定冠詞および部分冠詞は、否定文においては de になります。これを否定の de と呼んでいます。

Il n'y a pas *de* tigres sur ma planète. 〔8〕
イルニア パ ドゥティーグル スュル マ プラネット

ぼくの星にトラはいませんよ。〔王子さまがバラの花に言います。Il y a des tigres〈トラが何匹かいる〉が否定形になり、des が de に変っています。ma は英語の my にあたる語で、p.33で学びます〕

Je ne mange pas *de* pain. 〔21〕
ジュヌ マンジュ パ ドゥパン

おれはパンを食べない。〔キツネのセリフです。肯定文だと Je mange du pain. と部分冠詞 du が用いられます〕

☆注意
1）無冠詞の名詞、定冠詞のついた名詞は否定文になっても変わりません。

J'ai *faim*. → Je n'ai pas *faim*. 空腹ではありません。
ジェ ファン   ジュネ パ ファン

J'aime *les sports*. → Je n'aime pas *les sports*.
ジェム レ スポール   ジュネム パ レ スポール

　　　　　　　　　　　スポーツは好きではありません。

2）être の属詞（動詞 être などに導かれて主語の性質・状態を表す語）についた不定冠詞、部分冠詞は否定文になってもそのまま残ります。

C'est *une* table. → Ce n'est pas *une* table.
セ テュヌ ターブル ス ネパ ズュヌ ターブル

それは机ではありません。

Ce sont *des* pommes. → Ce ne sont pas *des* pommes.
ス ソン デ ポム ス ヌ ソン パ デ ポム

これらはリンゴではありません。

(C) pas 以外の否定

1） **ne ... plus**　もはや〜ない

Je *n'*ai *plus* rien à faire ici.〔10〕
ジュネ プリュ リヤン ナ フェール イスィ

ここではもう何もすることがありません。[たいくつした王子さまが王様に言います。rien は英語の nothing に当たる語です]

2） **ne ... jamais**　けっして〜ない

Il *n'*a *jamais* ni faim ni soif.〔24〕
イルナ ジャメ ニ ファン ニ ソワフ

彼はけっして空腹も渇きもおぼえない。[パイロットが言います。ni....ni....は否定をくり返すときに使います]

3） **ne ... que**　〜しかない

On *ne* voit bien *qu'*avec le cœur.〔21〕
オン ヌ ヴォワ ビヤン カヴェック ル クール

心で見なくっちゃ，よく見えない。[キツネのせりふです。直訳すれば，人は心によってしかよく見えない，となります。voit は不規則動詞 voir が直説法現在に活用したものです。→p.56]

4） **ne ... guère**　ほとんど〜ない，あまり〜ない

Je *n'*ai *guère* de loisirs.
ジュネ ゲール ドゥ ロワジール

私はほとんどひまがない。

5） **ne ... point**　少しも〜ない

Elle *n'*est *point* heureuse.
エル ネ ポワン ウルーズ

彼女は少しも幸せではない。

ユニテ7　君はほかの星から来たのかい？
——疑問文

- Tu viens donc d'une autre planète ?
- じゃあ，君はほかの星から来たのかい？　（第3章）

　パイロットが砂漠に不時着したのだと知ると，王子さまは，「なんだって！　空から落ちてきたの！」と言って，とてもかわいらしい声で笑いころげます。パイロットにとっては，生死の境にいるというのに，こんなふうに笑われてはとてもたまりません。ところが，王子さまは，続いてこうたずねるのです。「すると，きみも空からやって来たんだね！　どの星から来たの？」そこでパイロットは，即座に目の前にいる王子さまの神秘に一条の光がさすように感じて，すぐこう切り出したのです。

　「じゃあ，君はほかの星から来たのかい？（Tu viens donc d'une autre planète ?）」

　英訳では，Do you come from another planet? となり，Do を文頭に置いて疑問文を作っています。仏文では，Tu が主語，viens が動詞（「来る」という意味の動詞で不定詞は venir→p.43）で，平叙文のまま，最後に疑問符「？」をつけて，発音するときに語尾のイントネーションをあげて疑問にしています。

　疑問詞を使った疑問文についてはあとで学びますが，疑問詞を使わない疑問文の作り方には3通りがあります。そのうち，いちばん簡単なのが，平叙文の語順のままで，語尾のイントネーションをあげるものです。会話ではこれがよく用いられます。

§10 疑問文

フランス語の疑問文の作り方は3通りあります。

(A) イントネーションによるもの

平叙文のままで，文尾の抑揚をあげます。おもに話しことばで使われます。

Vous êtes japonais?　あなたは日本人ですか。
ヴ　ゼット　ジャポネ

− Oui, je suis japonais.　はい，日本人です。
ウィ　ジュスュイ　ジャポネ

− Non, je ne suis pas japonais.　いいえ，日本人ではありません。
ノン　ジュ　ヌ　スュイ　パ　ジャポネ

Et c'est tout ?　〔13〕　それだけなの？
エ　セ　トゥ

［王子さまがビジネスマンにたずねます］

(B) Est-ce que を文頭に置く

これもおもに話しことばで使われます。母音（または無音の h）で始まる語が続くときは，Est-ce qu' となります。

Est-ce qu'il collectionne les papillons ?〔4〕
エスキル　　　　コレクスィヨンヌ　レ　パピヨン

彼はチョウチョウを収集しているかい？［おとなが子どもにたずねます］

Est-ce qu'il y a des océans ?　〔15〕
エス　キリヤ　デ　ゾセアン

大きな海はあるんですか？

［王子さまが地理学者にたずねます］

(C) 主語人称代名詞と動詞を倒置させる

『星の王子さま』ではほとんど使われていませんが，倒置形による疑問文があります。

基本動詞 être, avoir と，第1群規則動詞の倒置形を次ページに示します。

être エートル	**avoir** アヴォワール	**danser** ダンセ
suis-je ? スィー ジュ	ai-je ? エー ジュ	dansé-je ? ダンセー ジュ
es-tu ? エ テュ	as-tu ? ア テュ	danses-tu ? ダンス テュ
est-il ? エ ティル	a-t-il ? ア ティル	danse-t-il ? ダンス ティル
est-elle ? エ テル	a-t-elle ? ア テル	danse-t-elle? ダンス テル
sommes-nous ? ソム ヌ	avons-nous ? アヴォン ヌ	dansons-nous ? ダンソン ヌ
êtes-vous ? エット ヴ	avez-vous ? アヴェ ヴ	dansez-vous ? ダンセ ヴ
sont-ils ? ソン ティル	ont-ils ? オン ティル	dansent-ils ? ダンス ティル
sont-elles ? ソン テル	ont-elles ? オン テル	dansent-elles ? ダンス テル

☆1） 主語人称代名詞と動詞を倒置させて，トレ・デュニヨンで結びます。

2） ふつうは1人称単数では倒置形は用いないで，Est-ce que をつけた形を使います。

3） 3人称単数の動詞活用形の末尾が母音で終わる場合には，-t- をはさんで代名詞主語をつけます。

Parle-*t*-elle français ？　彼女はフランス語を話しますか。
パルル　テル　フランセ

☆主語が名詞の場合の倒置形は，主語代名詞と動詞を倒置させ，さらに，その名詞を文頭に残します。

Marie est étudiante.　→　*Marie est-elle* étudiante ?
マリ　エ　テテュディアント　　　マリ　エテル　エテュディアント

　　　　　　　　　　　　　マリーは学生ですか？

Le mouton mange la fleur.
ル　ムトン　マンジュ　ラ　フルール

　　　　　　→　*Le mouton mange-t-il* la fleur ?
　　　　　　　　ル　ムトン　マンジュ　ティル　ラ　フルール

　　　　　　　　ヒツジは花を食べるだろうか？

§11　否定疑問

倒置の否定疑問形は次のような形になります。

être エートル	avoir アヴォワール
ne suis-je pas 〜？ _{ヌ スィー ジュ パ}	n'ai-je pas 〜？ _{ネージュ パ}
n'es-tu pas 〜？ _{ネ テュ パ}	n'as-tu pas 〜？ _{ナ テュ パ}
n'est-il pas 〜？ _{ネ ティル パ}	n'a-t-il pas 〜？ _{ナ ティル パ}
ne sommes-nous pas 〜？ _{ヌ ソム ヌ パ}	n'avons-nous pas 〜？ _{ナヴォン ヌ パ}
n'êtes-vous pas 〜？ _{ネット ヴ パ}	n'avez-vous pas 〜？ _{ナヴェ ヴ パ}
ne sont-ils pas 〜？ _{ヌ ソン ティル パ}	n'ont-ils pas 〜？ _{ノン ティル パ}

☆否定疑問に対する肯定の答えは **Si**（いいえ），否定の答えは **Non**（はい）になります。

N'avez-vous pas de monnaie？　小銭を持ってませんか？
_{ナヴェ ヴ パ ドゥ モネ}

—*Si*, j'ai de la monnaie.　　　　—いいえ，持ってますよ。
_{スィ ジェ ドゥ ラ モネ}

—*Non*, je n'ai pas de monnaie.　—はい，持ってません。
_{ノン ジュ ネ パ ドゥ モネ}

Si! Si! c'est bien le jour, mais ce n'est pas ici l'endroit.〔*26〕
_{スィ スィ セ ビヤン ル ジュール メ ス ネ パ ズィスィ ランドロワ}

そうだよ！　そうだよ！　この日なんだよ。ただ場所は，ここじゃないけど…。〔ここでは，前文にヘビのセリフの否定文があると想定され，それに対して王子さまが肯定で答えるため si が用いられます〕

*章番号の前に*が付いている文章は中級以上の例文です。

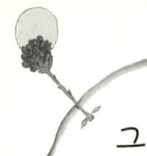

ユニテ8 僕のヒツジをどこへ…
―― 所有形容詞・指示形容詞

- Où veux-tu emporter mon mouton ?
- 僕のヒツジをどこへ連れて帰ろうというの？（第3章）

　この目の前に現れた不思議な少年はどうやらほかの星からやってきたらしいのです。そこで，語り手は，好奇心をそそられて，もっと詳しいことを聞きだそうと，次のようにたずねます。
　「どこから来たんだい，坊や？…僕のヒツジをどこへ連れて帰ろうというの？（Où veux-tu emporter mon mouton ?）」
　「どこ」を意味する疑問副詞 où については p.38 で学びます。また動詞 veux は vouloir（〜したい）が直説法現在に活用したものです（→p.84）。
　ここでは所有形容詞について説明しましょう。引用文は英訳では Where will you be taking my sheep? となっていて，「僕の」を表す所有形容詞は英語だと my だけですが，フランス語では次に来る語（所有されているもの）の性数に応じて，mon, ma, mes と3つあります。ここでは，「ヒツジ（mouton）」が男性単数なので，「僕のヒツジ」は mon mouton となります。
　この mon は，たとえば男性にたいする呼びかけの場合などに使われる monsieur にも見られます。これは，元来が mon + sieur であり，sieur が男性単数なので，頭に mon がついたものです。同様に，madame や mademoiselle は，それぞれ ma + dame, ma + demoiselle からなっています。

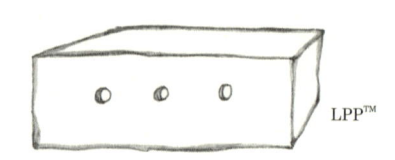

LPP™

§12 所有形容詞

英語の my, your ... に当たりますが，英語と違って，所有される物の性・数によっても形が異なります。

	単数・男性	単数・女性	複数
je ジュ	mon モン	ma マ	mes メ
tu テュ	ton トン	ta タ	tes テ
il, elle イル エル	son ソン	sa サ	ses セ
nous ヌ	notre ノトル		nos ノ
vous ヴ	votre ヴォトル		vos ヴォ
ils, elles イル エル	leur ルル		leurs ルル

☆1）3人称では，所有者における男女の区別がありません。「彼のお父さん（his father）」も，「彼女のお父さん（her father)」も，フランス語では son père となります。

2）母音（または無音の h）で始まる単数女性名詞の前では，母音が重なるのを避けるために，ma, ta, sa の代わりに mon, ton, son を用います。

˟ma école → *mon* école　私の学校
　　　　　　　モ　ネコル

C'est *mon* avion.〔3〕
セ　モ　ナヴィヨン

これは僕の飛行機だよ。［パイロットが王子さまに言います］

Ta planète est tellement petite.〔14〕
タ　プラネット　エ　テルマン　プティト

きみの星はとても小さいよ。［王子さまがガス灯点灯夫に言います］

Ma fleur est éphémère. 〔15〕
マ　フルール　エ　テフェメール

ぼくの花ははかないんだ。[王子さまが地理学者に言います]

Les enfants seuls écrasent *leur* nez contre les vitres.
レ　ザンファン　スゥル　エクラズ　ルル　ネ　コントル　レ　ヴィトル
〔22〕

子どもたちだけが，窓ガラスに自分の鼻を押し当てているのさ。[転轍手のセリフです]

§13　指示形容詞

	単数	複数
男性	ce [s(ə)]　(cet) [sɛt] ス　　　　　　セット	ces [se] セ
女性	cette [sɛt] セット	

　名詞の前に置かれて，この（その・あの）を意味します。遠近の区別はありませんから，たとえば cet avion は，この飛行機，その飛行機，あの飛行機，どの意味にもなります。
　母音（または無音の h）で始まる男性単数名詞の前では，ce の代わりに cet を用います。

ce livre　この本　　　→　ces livres　これらの本
ス　リーヴル　　　　　　　　　セ　リーヴル

cet avion　その飛行機　→　ces avions　それらの飛行機
セタヴィヨン　　　　　　　　　セザヴィヨン

cet homme　あの男　　→　ces hommes　あの男たち
セットム　　　　　　　　　　　セゾム

cette étoile　あの星　　→　ces étoiles　あれらの星
セッテトワル　　　　　　　　　セゼトワル

ユニテ ❽　僕のヒツジをどこへ…

サン=テグジュペリの言葉 1

私たちはいつも，なにか人間の生命にまさる価値をもつものがあるかのように行動している。
Nous agissons toujours comme si quelque chose dépassait, en valeur, la vie humaine...

　アントワーヌ・ド・サン=テグジュペリは，1900年，由緒ある貴族の末裔としてリヨンに生れたあと，航空会社の路線パイロットとなり，多くの冒険を経験しました。彼が生きたのは，民間航空の草創期で，航空路線がヨーロッパから，海をわたってアフリカへ，さらに大西洋を越えて南米へと延びていった時代です。遭難の危険をおかしつつ新空路開発に従事した彼は，飛行機という文明の産物を道具にして，美しい空の叙事詩をうたいあげたのです。

　作家としての名声を確立したのは，1931年に発表されて，フェミナ賞を受けた小説『夜間飛行（*Vol de Nuit*）』です。郵便飛行の生みの親，ディディエ・ドーラをモデルとし，その厳格な指揮のもとに働く飛行士たちの苦闘の物語です。郵便飛行事業がまだ危険視されていた時代に，事業の死活を賭けて夜間飛行に従事する人々の，人間の尊厳と高邁な勇気に満ちた行動を描いています。

　引用句の comme si はあとに直説法半過去が続いて，「まるで～のように」の意味になります（p.148 参照）。直訳では，「まるでなにかが価値において人間の命よりまさっているかのように」となります。人は生命の危険を冒してまで，生命にまさる価値あるもののために行動していると，作中人物のリヴィエールが述べる言葉です。

ユニテ9　年齢はいくつなんだい？
―― 疑問形容詞・疑問副詞

Quel âge a-t-il? Combien a-t-il de frères?
その友だちの年齢（とし）はいくつなんだい？　兄弟は何人いるの？　（第4章）

　第4章では，語り手は，6年前の砂漠での出会いの物語から一時的に離れて，王子さまの星が小惑星B612であるらしいこと，またこの星がただ一度だけトルコの天文学者によって発見されたこと，などを語ります。

　そして，こんなふうに王子さまの星の番号まで示すのは，おとなたちが数字が好きなせいなんだと言うのです。おとなたちはいつも数字について質問するのです。たとえば友だちについて話すときは，こんなふうに…。

　「その友だちの年齢（とし）はいくつなんだい？　兄弟は何人いるの？　体重は？　お父さんの収入は？　（Quel âge a-t-il? Combien a-t-il de frères? Combien pèse-t-il? Combien gagne son père?）」

　Quel は疑問形容詞ですが，次に続く âge が男性単数名詞なので，それに性数一致して男性単数形が用いられています。続く3つの Combien は疑問副詞です。de を伴う場合と，de のない場合があります。Combien + de +名詞，で数量をたずね，「いくつの」「何個の」「どのくらいの」の意味になります。de を伴わずに単独で用いられる場合は，値段や距離や重さなどをたずねます。

§14 疑問形容詞

英語の What にあたります。性・数に応じて，4つの形がありますが，発音はすべて同じです。形容詞として使われる場合と，代名詞として使われる場合があります。

	単数	複数
男性	quel ケル	quels ケル
女性	quelle ケル	quelles ケル

(A) 形容詞として

Quel âge avez-vous ? —— J'ai dix-neuf ans.
ケラージュ アヴェ ヴ ジェ ディズ ヌヴァン

あなたはいくつですか？ ——19歳です。

De *quelle* planète es-tu ? 〔3〕
ドゥ ケル プラネット エ テュ

どの星から来たの？ ［王子さまがパイロットにたずねます］

(B) 代名詞として

Quelle est cette dame ? あの婦人は誰ですか？
ケル セット ダム

Quel est ce gros livre ? 〔15〕
ケル ス グロ リーヴル

この大きな本は何ですか？ ［王子さまが地理学者にたずねます］

(C) 感嘆詞としても用いられます。

Quelle chaleur ! なんて暑さだ。
ケル シャルール

Quelle drôle d'idée ! 〔3〕 なんて変なことを考えるんだ！
ケル ドロール ディデ

［王子さまがパイロットに言います］

ユニテ ❾ 疑問形容詞・疑問副詞

§15 疑問副詞

combien コンビヤン	いくら	**comment** コマン	どのように
où ウ	どこ	**quand** カン	いつ
pourquoi プルコワ	なぜ		

(A) 原則として文頭に置かれ，主語と動詞が倒置します。

Pourqoui ? —— Parce que chez moi c'est tout petit.〔2〕
プルコワ　　　パルスク　シェ　モワ　セ　　トゥ　プティ

どうして？　——ぼくのところはとっても小さいから…。〔パイロットと王子さまのやりとりです〕

D'*où* viens-tu, mon petit bonhomme ? *Où* est-ce《chez
ドゥ　ヴィヤン テュ モン　プティ　ボノム　　　　ウ　エス　シェ

toi》? *Où* veux-tu emporter mon mouton?〔3〕
トワ　　　ウ　ヴー　テュ アンポルテ　モン　ムトン

どこから来たんだい，坊や？　「君のところ」ってどこなの？僕のヒツジをどこへ連れて帰ろうっていうの？〔パイロットが王子さまにたずねます〕

(B) 話しことばでは，倒置をきらって，疑問副詞のあとに est-ce que を加えたり，また疑問副詞を文末に置くことがあります。

Où est-ce qu'il habite ?　彼はどこに住んでいるの？
ウ　エス　キラビット

Cette pomme, c'est *combien* ?　このリンゴ，いくらなの？
セット　ポム　　セ　　コンビヤン

(C) comment は，感嘆文でも使われます。

Comment ! tu es tombé du ciel !〔3〕
コマン　　　テュ エ　トンベ　デュ スィエル

なんだって！　空から落ちてきたの！〔王子さまがパイロットに言います。es tombé は tomber（落ちる）の直説法複合過去形（p.89 で学びます）です〕

ユニテ ❾ ――年齢はいくつなんだい？

ユニテ10 バオバブに気をつけなさい！
——命令文

● Enfants! Faites attention aux baobabs!
● 子どもたちよ！　バオバブに気をつけなさい！　（第5章）

　こうして，語り手は，王子さまの星について，旅立ちのいきさつやその道中について，少しずつ知るようになります。そして，いよいよ3日目にバオバブの惨事が語られるのです。

　王子さまの星ではバオバブの種が土壌を荒らしてしまいました。1本のバオバブでも，手当てが遅れると，もう根絶することはできません。だから王子さまはこう言います。「バオバブはごく小さいうちはバラにとてもよく似ているけれど，その区別がつくようになったらすぐに，すかさずバオバブを引き抜かなくてはいけないんだ」

　そこで，語り手も王子さまの助言にしたがって，バオバブが繁殖する星の絵を描きます。そして，こう言うのです。

　「子どもたちよ！　バオバブに気をつけなさい！
　（Enfants! Faites attention aux baobabs!)」

　フランス語では，tu, vous, nous のそれぞれに対応する3つの型の命令形があります。ここでは，「子どもたちよ」と複数で呼びかけていますから，vous に対する命令です。平叙文では「君たちはバオバブに気をつける。(Vous faites attention aux baobabs.)」ですが，主語を取り除くと上に挙げたような命令文になります。

§16 命令法

(A)命令法の形態

フランス語の命令法には3つの形があります。直説法現在の tu 〜, nous 〜, vous 〜 から主語を除いた形です。このうち, nous に対する命令は, 自分も含めて相手を誘う場合で, 英語の Let us 〜 にあたります。

	chanter 歌う		
2人称単数	tu chantes	→	Chante
1人称複数	nous chantons	→	Chantons
2人称複数	vous chantez	→	Chantez

	finir 終える	**aller** 行く	**faire** する
2人称単数	Finis	Va	Fais
1人称複数	Finissons	Allons	Faisons
2人称複数	Finissez	Allez	Faites

☆上にあげた動詞の活用は, それぞれ次のページで学びます。

finir → p.50 aller → p.43 faire → p.54

☆第1群規則動詞（aller を含む), および直説法現在で第1群規則動詞と同じ活用語尾を持つ ouvrir 型の動詞（→ p.52) は, 2人称単数形の語尾 -s を除きます。

S'il vous plaît... *dessine*-moi un mouton ! 〔2〕
スィル ヴ プレ デスィヌ モア アン ムトン

お願いです…ぼくにヒツジの絵をかいて！

［王子さまの第1声です。moi は目的語人称代名詞 (p.63で学びます) の間接目的語で,〈ぼくに〉の意味です］

Allons voir un coucher de soleil ... 〔6〕
アロン ヴォワール アンクッシェドゥソレイユ

夕陽を見に行こうよ…。［王子さまがパイロットに提案します］

J'ai soif aussi ... *cherchons* un puits.... 〔24〕
ジェ ソワフオッスィ シェルション アン ピュイ

ぼくも，のどが渇いている…井戸を探しに行こうよ…。

［王子さまがパイロットに提案します］

(B) 否定命令

動詞を ne ... pas（plus, jamais）ではさみ，禁止の意味を持ちます。

Ne traine pas comme ça, c'est agaçant.〔9〕
ヌ トレヌ パ コムサ セタガサン

そんなふうにぐずぐずしていてはだめよ。いらいらしてくるじゃないの。［バラが，旅立とうとする王子さまに言います］

Je vais repartir ! ― *Ne pars pas.* 〔10〕
ジュ ヴェ ルパルティル ヌ パール パ

また旅に出ます。――去ってはいかん。

［王子さまと王様のやりとりです］

(C) 特殊な命令形を持つ動詞

次の動詞の命令形は直説法現在から作ることはできません。

	être	avoir	savoir
２人称単数	Sois ソワ	Aie エ	Sache サッシュ
１人称複数	Soyons ソワイヨン	Ayons エイヨン	Sachons サッション
２人称複数	Soyez ソワイエ	Ayez エイエ	Sachez サッシェ

Soyez mes amis, je suis seul. 〔19〕
ソワイエ メ ザミ ジュスュイ スール

友だちになってよ，ぼく，ひとりぼっちなんだ。

［王子さまがこだまに向かって呼びかけます］

Ayons du courage.　　勇気を持とう。
エイヨン デュ クラージュ

N'*aie* pas peur.　　怖がるな。
ネ パ プール

ユニテ11　夕陽を見に行こうよ
——不規則動詞 aller と venir

Allons voir un coucher de soleil.
ねえ，夕陽を見に行こうよ（第6章）

　第6章は，物語のなかで唯一，語り手が王子さまに直接語りかける章です。「ああ！　王子さま。僕はこうして，君の憂いに満ちたささやかな生活を，少しずつ理解していったんだ」と始まります。王子さまはいつでも夕陽を見るのが好きだったのです。
　4日目の朝，王子さまはこう言います。

「ぼくは夕陽が好きなんだ。ねえ，夕陽を見に行こうよ（J'aime bien les couchers de soleil. Allons voir un coucher de soleil.）」

　それに対して語り手は，夕陽が沈むのを待たなくてはいけないよ，と指摘します。すると，王子さまは「ぼくは，いまでも自分の星にいるような気がしていたよ」と言って笑うのです。
　命令形はすでに学びましたが，allons は不規則動詞 aller の命令形です。平叙文だと「僕たちは夕陽を見に行く。(Nous allons voir un coucher de soleil.)」となります。
　ここでは，不規則動詞「行く (aller)」と「来る (venir)」の活用を学びましょう。aller は不定詞と複数1, 2人称では，all- の形（aller, allons, allez）ですが，単数の1, 2, 3人称と複数3人称では v- の形（vais, vas, va, vont）になります。2つの形がまざりあっていますが，これは，ラテン語の2つの異なった語幹をもとにしているためです。

§17 不規則動詞 aller と venir

aller 行く アレ		**venir** 来る ヴニール	
je vais ジュ ヴェ	nous allons ヌ ザロン	je viens ジュ ヴィヤン	nous venons ヌ ヴノン
tu vas テュ ヴァ	vous allez ヴ ザレ	tu viens テュ ヴィヤン	vous venez ヴ ヴネ
il va イル ヴァ	ils vont イル ヴォン	il vient イル ヴィヤン	ils viennent イル ヴィエンヌ

☆ aller は不定詞の語尾が -er で終わっていますが，第1群規則動詞ではなく，不規則に活用します。venir も不規則動詞ですが，tenir（保つ），revenir（戻る），devenir（～になる），など同じ型の活用をする動詞があります。

Nous *allons* au musée du Petit Prince de Hakone.
ヌ　　ザロン　オ　ミュゼ　デュ プティ プランス　ドゥ ハコネ

　私たちは箱根の星の王子さまミュージアムへ行きます。

Si tu *viens*, par exemple, à quatre heures de l'après-
スィ テュ ヴィヤン　パ　レグザンプル　ア カトゥール　　　ドゥ ラプレ

midi ... 〔21〕
ミディ

　たとえば，もし君が午後4時に来るなら…。［キツネのセリフです］

☆ aller は，あいさつの表現でも使います。

Comment *allez*-vous ? —— Je *vais* très bien, merci.
コマン　　　タレ　ヴ　　　　　ジュ ヴェ トゥレ ビヤン メルスィ

　ご機嫌いかがですか。元気です。ありがとう。

Ça *va* bien ?　調子はいいかい。
サ　ヴァ ビヤン

§18 近接未来と近接過去

(A) 近接未来

aller + 不定詞で，近い未来を表して「～するところだ」の意味になります。とくに話しことばではよく用いられます。

Je n'ai plus rien à faire ici. Je *vais* repartir. 〔10〕
ジュ ネ プリュ リヤン ナ フェール イスィ ジュ ヴェ ル パルティール

もう，ここでは何もすることがありません。また旅に出ます。［王子さまが王様に言います］

Parce qu'on *va* mourir de soif.... 〔24〕
パルス コン ヴァ ムリール ドゥ ソワフ

もうじき渇きで死んでしまうんだから…。［8日目になって飲み水がなくなり，パイロットが王子さまに言います］

☆aller + 不定詞で「～しに行く」の意味の場合もあります。

Elle *va* chercher sa cousine à la gare.
エル ヴァ シェルシェ サ クズィヌ ア ラ ガール

彼女はいとこを駅へ迎えに行く。

Je *vais* me promener jusqu'à la vigne. 〔21〕
ジュ ヴェ ム プロムネ ジュスカ ラ ヴィーニュ

おれはブドウ畑までぶらぶら出かけて行く。［キツネのセリフです。me promener（散歩する）は代名動詞（p.125 で学びます）です］

(B) 近接過去

venir de + 不定詞で，近い過去を表し，「～したところだ」の意味になります。

Le train vient de partir.　　列車は出たところだ。
ル トラン ヴィヤン ド パルティール

Pourquoi *viens*-tu *d*'éteindre ton réverbère ? 〔14〕
プルコワ ヴィヤン テュ デタンドゥル トン レヴェルベール

どうして，いまきみの街灯を消したの？

Pourquoi *viens*-tu *de* le rallumer ? 〔14〕
プルコワ　ヴィヤン テュドゥル ラリュメ

どうして，いま街灯をまたともしたの？ ［2例とも，王子さまが点灯夫に言うことばです。2番目の文例では，〈ton réverbère 君の街灯〉が，目的語人称代名詞（p.60 で学びます）の le に変わっています］

☆venir + 不定詞は「～しに来る」の意味です。

Ils *viennent* déjeuner tous les jours.
イル ヴィエンヌ　デジュネ　トゥ レ ジュール

彼らは毎日昼食にやってくる。

Viens jouer avec moi. 〔21〕
ヴィヤン ジュエ　アヴェク モワ

こっちに来て，一緒に遊ぼうよ。［王子さまがキツネを誘います。直訳は〈僕と遊びに来てよ〉です］

ユニテ **⓫** 　不規則動詞 aller と venir

45

ユニテ12　アメリカ合衆国が正午のとき…
——前置詞と定冠詞の縮約

Quand il est midi aux États-Unis...
アメリカ合衆国が正午のとき…（第6章）

　王子さまの星のように小さな星では、椅子を数歩分だけ動かせば、いつでも夕陽を見ることができます。でも、地球ではそういうわけにはいきません。

　「アメリカ合衆国が正午のとき（Quand il est midi aux États-Unis）、フランスでは太陽が沈んでいく。1分間でフランスへ行くことができたなら、日没に立ち会うことができるだろう。ところが残念なことに、フランスはあまりに遠すぎる」

　「正午です（il est midi）」の il は、時刻を表す非人称主語としての il ですが、これはあとで学びます。次の aux は前置詞 à と複数定冠詞 les が縮約したものです。このように、よく使われる前置詞 à と de は、次に定冠詞の le や les が続くと縮約を起こします。

　ここには、作者サン゠テグジュペリの祖国フランスに対する思いが表れているようです。この作品を書いていたとき、彼はニューヨークにいて、冒頭に置かれた「献辞」に見られたように、祖国で不自由な生活を余儀なくされている同胞のことを考えていたのです。ですから、「日没に立ち会うことができるだろう」は、「慰めを必要としている友人に会うことができるだろう」と読み替えることもできるでしょう。

　この物語のなかで王子さまが見る景色や出会う事物は、砂漠はもちろん、バオバブも、のちに出てくる火山も、キツネも、みんな作者が実際に目にしたものばかりです。そして、『星の王子さま』執筆中に住んでいたニューヨークは、フランスまでの距離の遠さという形で暗示されています。

§19 前置詞 à, de と定冠詞の縮約

フランス語でもっともよく使われる前置詞は，à と de ですが，このすぐ後に，定冠詞 le または les が続くと縮約が起こります。なお，la, または l' が続くときは縮約が起こりません。

à + le	→	au オ	de + le ドゥ ル	→	du デュ
à + les	→	aux オ	de + les ドゥ レ	→	des デ
à + la	→	à la アラ	de + la ドゥ ラ	→	de la ドゥ ラ
à + l'	→	à l' アル	de + l' ドゥ ル	→	de l' ドゥ ル

Voilà la copie *du* dessin.〔1〕
ヴォワラ ラ コピ デュ デッサン

これがその絵の模写なんだ。［語り手が読者に言います］

Tu n'es pas utile *aux* étoiles.〔13〕 あなたは，星の役に立
テュ ネ パ ズュティル オ ゼトワル

っていない。［王子さまがビジネスマンに言います］

Il est maintenant unique *au* monde.〔21〕 彼はいまでは
イレ マントナン ユニク オ モンドゥ

この世でただ1匹のキツネなんだ。［王子さまが5千本のバラに

言います。訳では unique のあとに「キツネ」を補っています］

Au matin *du* départ il mit sa planète bien en ordre.〔9〕
オ マタン デュ デパール イルミ サ プラネット ビヤン ア ノルドゥル

出発の朝，彼は自分の星をきちんと片づけた。［mit は動詞

mettre の直説法単純過去です（p.179 で学びます）］

§20 国名・州名・都市名と前置詞

(A) 国名の性の見分け方

1）語尾が -e で終わる国名は女性

la France フランス　　l'Angleterre イギリス　　l'Italie イタリア
ラ フランス　　　　　ラングルテール　　　　　　リタリー

l'Allemangne　ドイツ　　la Chine　中国
ラルマーニュ　　　　　　　ラ シーヌ

☆例外：le Mexique　メキシコ
　　　　ル メクシック

2）その他の語尾で終わる国名は多くが男性

le Japon　日本　　　le Brésil　ブラジル
ル ジャポン　　　　　ル ブレジル

le Canada　カナダ　　le Portugal　ポルトガル
ル カナダ　　　　　　ル ポルチュガル

(B) 前置詞＋国名（など）で，「～で」「～へ」を表す場合，次のようになります。女性国名では冠詞はつけません。

en ＋ 女性国名	en France	フランスで
アン	アン フランス	
au ＋ 男性国名（単数）	au Japon	日本で
オ	オ ジャポン	
aux ＋ 男性国名（複数）	aux États-Unis	アメリカで
オ	オ ゼタ ズュニ	
à ＋ 都市名	à Paris	パリで
ア	ア パリ	

Elles vont en France.　彼女たちはフランスへ行く。
エル　ヴォン　タン フランス

Le Petit Prince est très populaire *au* Japon.
ル プティ プランス　エ　トゥレ ポピュレール　オ ジャポン

『星の王子さま』は日本でとても人気がある。

Mon oncle habite *à* Lyon.
モ　ノンクル アビタ　　リヨン

僕のおじさんはリヨンに住んでいる。

(C) 「～から」の意味を表す de を用いるとき

女性国名では定冠詞が落ちます。また男性国名では du, 複数国名では des となります。

Il vient *de* France (*du* Canada, *des* États-Unis).
イル ヴィヤン ドゥ フランス　デュ カナダ　デ ゼタ ズュニ

彼はフランス（カナダ，アメリカ）から来る。

ユニテ **⓬** アメリカ合衆国が正午のとき…

ユニテ13　トゲなんて，なんの役にも立たないさ
―― -ir 型の動詞

Les épines, ça ne sert à rien.
トゲなんて，なんの役にも立たないさ。（第7章）

　これまでヒツジに導かれて展開されてきた物語は，第7章において，もうひとつの重要な主題であるバラの花へと至ります。5日目になって，飛行機の修理に専念しているパイロットには，故障が重大なものらしいとわかりはじめ，飲み水も底をつき，最悪の事態も心配されていました。そんなとき，王子さまは突然パイロットに，「バラの花のトゲはなんの役に立つの？」とたずねます。固いボルトに苛立っていたパイロットは，あてずっぽうに答えます。

　「トゲなんて，なんの役にも立たないさ。(Les épines, ça ne sert à rien.) トゲがあるのは，ただ花が意地悪だからさ！」

　この答えに腹を立てた王子さまは，何百万年も前からバラの花とヒツジとのあいだで繰り広げられてきた戦争が，どれほど大事なことなのかを力説します。そして，どこかの星に咲いている花をヒツジが食べてしまうとしたら，その花を愛する者にとって，それはすべての星の光が消えてしまうようなものだ…と言って泣くのです。
　引用文における sert は，不規則動詞 servir（役に立つ）が直説法現在3人称単数に活用したものです。-ir 型の動詞には，第2群規則動詞と不規則動詞があります。-ir 型の不規則動詞には，すでに学んだ venir のグループもありますが，servir はまた別のグループに属して，sortir, partir, sentir, dormir などの仲間です。

§21 第2群規則動詞の直説法現在

不定詞の語尾が -ir で終わるものには，第2群規則動詞と呼ばれるものと，不規則動詞があります。第2群規則動詞では，複数形の活用に -ss- が現れるのが特徴です。

finir 終わる	
je finis	nous finissons
tu finis	vous finissez
il finit	ils finissent

1) 第2群に属する動詞には，他に次のものがあります。(約350語あります)

choisir 選ぶ, obéir 従う, réussir 成功する, saisir つかまえる

2) 第2群の動詞から英語に入ったものの多くは -ish 形となっています。

abolir 廃止する → abolish
accomplir やりとげる → accomplish
établir 打ち立てる → establish
finir 終える → finish
polir 磨く → polish
punir 罰する → punish

Je *finis* ce travail à trois heures.
　僕はこの仕事を3時に終える。

Nous *choisissons* un livre à la librairie.
　私たちは本屋で1冊の本を選ぶ。

ユニテ ⓭

トゲなんて、なんの役にも立たないさ

§22　-ir 型の不規則動詞

1） partir 型

partir　出発する	
je pars	nous partons
tu pars	vous partez
il part	ils partent

☆　partir と同じ活用をするもの：sortir　出る，sentir　感じる
　　　　　　　　　　　　　　mentir　嘘をつく，dormir　眠る
　　　　　　　　　　　　　　servir　仕える

Les graines sont invisibles. Elles *dorment* dans le secret de la terre.〔5〕
　種は外からは見えない。それは大地のなかにひそかに眠っているんだ。　［王子さまの星について，語り手が説明します］

2） **venir** 型　（venir の活用については → p.43）

tenir　保つ	
je tiens	nous tenons
tu tiens	vous tenez
il tient	ils tiennent

☆ venir と同じ活用をするもの：devenir　〜になる，revenir　もどる
　tenir と同じ活用をするもの：obtenir　得る，retenir　引きとめる

Elle *tient* un chat dans ses bras.
　彼女は腕に猫を抱いている。

3） その他の型

courir 走る	ouvrir 開く
je cours　nous courons	j'ouvre　　nous ouvrons
tu cours　vous courez	tu ouvres　vous ouvrez
il court　ils courent	il ouvre　ils ouvrent

☆ouvrir 型で活用するもの（直説法現在では，第1群規則動詞と同じ活用語尾になります）：couvrir 覆う，découvrir 発見する，offrir 提供する，souffrir 苦しむ

Il *ouvre* son magasin à 9 heures.
　彼は9時に店を開ける。

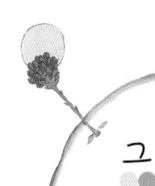

ユニテ14　トラなんか少しも怖くないわ
—— -re, -oir 型の不規則動詞

Je ne crains rien des tigres, mais j'ai horreur des courants d'air.
トラなんか少しも怖くないわ。でも風はいやなの。
(第8章)

　いよいよ第8章、バラの物語です。中世の『バラ物語』以来、バラは伝統的に愛の対象としての女性を表してきました。『星の王子さま』に現れる唯一の女性的形象であるこのバラのモデルについては、さまざまな見解があります。作者サン=テグジュペリの母であるとか、かつての婚約者であったルイーズ・ド・ヴィルモランであるとか…でもやはり妻コンスエロの姿をこのバラのなかに認める解釈がいちばん多いようです。

　王子さまのバラは、どこからともなく運ばれてきた種から、ある日、芽を出したのです。並はずれて大きなつぼみをつけて、何日もかけて秘密の身づくろいをしたあと、まさに陽が昇ろうとする時刻に、姿を現しました。

　その美しさに王子さまはたちまち魅了されましたが、しかし気むずかしくて見栄っ張りな彼女は、王子さまを悩ますようになります。トラがやってくるかもしれないなどと言うのですが、王子さまはぼくの星にトラはいませんよ、と応じます。すると、バラの花はこう言うのです。

　「トラなんか少しも怖くないわ。でも風はいやなの。(Je ne crains rien des tigres, mais j'ai horreur des courants d'air.) 衝立は持ってらっしゃらないの？」

　crains は不規則動詞 craindre が直説法現在1人称単数に活用したものです。ここでは -re型、および -oir 型の不規則動詞を学びましょう。

§23 -re, -oir 型の不規則動詞

(A) -re 型動詞の直説法現在

-re 型の活用は rendre 型が基本ですが,その他の型も多いです。

1) **rendre 型**

rendre 返す	
je rends	nous rendons
tu rends	vous rendez
il rend	ils rendent

☆rendre 型で活用するもの:attendre 待つ,descendre 降りる,entendre 聞く,perdre 失う,répondre 答える,vendre 売るなど。

Il y a quelque part un vieux rat. Je l'*entends* la nuit.〔10〕
どこかに年老いたネズミが1匹いる。夜にはその物音が聞こえるのじゃ。 [王様のセリフです。l' は目的語人称代名詞(p.60 で学びます)で,ここでは前出のネズミを指しています]

2) その他

faire 作る, する	
je fais	nous faisons [f(ə)zɔ̃]
tu fais	vous faites
il fait	ils font

☆faire は英語の to make, to do にあたる動詞で,多くの意味を持ちます。

Ça ne *fait* rien, c'est tellement petit, chez moi!〔3〕
かまわないんだ。とても小さいんだから,ぼくのところは!
[王子さまがパイロットに言います]

prendre 取る	
je prends	nous prenons
tu prends	vous prenez
il prend	ils prennent

☆prendre は英語の to take にあたる動詞で，多くの意味に使われます。同じ活用をする動詞には apprendre 学ぶ，教える, comprendre 理解する，などがあります。

Quel chemin *prend*-on?

　どの道を行きますか。

Je ne *comprends* pas. ― Il n'y a rien *à comprendre*. La consigne c'est la consigne. 〔14〕

　わからないな。――わかるもわからないもないよ。指令は指令なのさ。　〔王子さまと点灯夫の会話です〕

écrire 書く		mettre 置く	
j'écris	nous écrivons	je mets	nous mettons
tu écris	vous écrivez	tu mets	vous mettez
il écrit	ils écrivent	il met	ils mettent

dire 言う		croire 信じる	
je dis	nous disons	je crois	nous croyons
tu dis	vous dites	tu crois	vous croyez
il dit	ils disent	il croit	ils croient

Et tu *crois*, toi, que les fleurs ...　――Mais non! Mais non! Je ne *crois* rien! 〔7〕

　ねえ，きみはそう考えているの，花が…。――そうじゃない！そうじゃないよ！　僕は何も考えていないよ！

　〔王子さまとパイロットのやりとりです〕

J'*écris* sur un petit papier le nombre de mes étoiles.〔13〕
　小さな紙切れに，おれの星の数を記入するのさ。
　［ビジネスマンのセリフです］

Je te *dis* ça ... C'est à cause du serpent.〔26〕
　きみにこんなことをいうのは…それもまたヘビのせいなんだ。
　［王子さまが語り手に言います。te は目的語人称代名詞（p.60 で学びます）です］

connaître　知る		**vivre**　生きる	
je connais	nous connaissons	je vis	nous vivons
tu connais	vous connaissez	tu vis	vous vivez
il connaît	ils connaissent	il vit	ils vivent

Connaissez-vous l'adresse de Paul?
　ポールの住所を知っていますか。

Ils *vivent* à la campagne.
　彼らは田舎に住んでいる。

(B)　-oir 型動詞の直説法現在

voir　見る		**recevoir**　受け取る	
je vois	nous voyons	je reçois	nous recevons
tu vois	vous voyez	tu reçois	vous recevez
il voit	ils voient	il reçoit	ils reçoivent

Tu *vois* bien... ce n'est pas un mouton, c'est un bélier. Il a des cornes...〔2〕
　よく見てごらんよ…これはヒツジじゃない，乱暴な牡ヒツジだよ。角が生えているだろ…　［王子さまがパイロットに言います。最初の文章は平叙文ですが，ここでは命令のニュアンスで使われています］

Il ne quitte pas son bureau. Mais il y *reçoit* les explorateurs.
〔15〕
彼（地理学者）は自分の書斎を離れることはない。その代わり，探検家を迎え入れるのだ。　［地理学者が王子さまに説明します。y は，中性代名詞（p.140 で学びます）で，〈そこへ，そこで〉の意味です］

(C)　不規則動詞の活用パターン

1）　語幹は3つのパターンに分かれます（例外もあります）。
　a）　すべて同じ語幹のもの：

> **rendre**　返す
> je *rend*s　nous *rend*ons
> tu *rend*s　vous *rend*ez
> il *rend*　ils　*rend*ent

　b）　単数形と複数形とで異なるもの

> **écrire**　書く
> j'écris　nous *écriv*ons
> tu écris　vous *écriv*ez
> il écrit　ils　*écriv*ent

　c）　単数形および複数3人称と，複数1・2人称とで異なるもの

> **voir**　見る
> je vois　nous *voy*ons
> tu vois　vous *voy*ez
> il voit　ils　voient

ユニテ ⓮ ―re, -oir 型の不規則動詞

2） 活用語尾の基本パターンは次のようになります。

>   je — s   nous — ons
>   tu — s   vous — ez(tes)
>   il — t(d)   ils — ent(ont)

☆注意
- a） 語尾が -ds, -ds, -dt の型のとき，単数3人称・il / elle では，-t が落ちて-d のみになります。（il rend, il prend など）
- b） 複数2人称・vous の語尾が -tes となるのは，être (êtes), dire (dites), faire (faites) だけです。
- c） 複数3人称・ils / elles の語尾が -ont となるのは，être (sont), avoir (ont), aller (vont), faire (font) だけです。

ユニテ15 あなたが好きよ
——目的語人称代名詞（1）

- Mais oui, je t'aime... Tâche d'être heureux... .
- ええ，そうよ，あなたが好きよ…幸せになってね…。（第9章）

　王子さまは自分の星を去る決心をします。旅立ちの理由ははっきりと書かれていないのですが，これは彼の成長にとって必要な旅なのでしょう。さて出立の日，花に最後の水をやり，ガラスの覆いをかぶせようとしたとき，王子さまは自分が泣きたい気持ちになっているのに気づきます。

　「お別れだよ」と花に言いますが，花は答えません。もう一度「お別れだよ」と言うと，とうとう彼女は「ばかだったわ」と語りはじめます。さんざん王子さまを悩ませたバラの花ですが，いよいよ王子さまが星を去る段になると，愛の告白をするのです。

　「ええ，そうよ，あなたが好きよ…幸せになってね…。(Mais oui, je t'aime... Tâche d'être heureux...)」

　英訳では，Of course I love you.... Try to be happy. です。直接目的語の you が動詞のうしろに置かれていますが，フランス語の場合，目的語を示す人称代名詞は動詞の直前に置くという約束になっています。初めは王子さまを vous で呼んでいたバラの花ですが，この別れの場面では tu に変わっています。そこで，直接目的語人称代名詞も2人称単数の te が使われています。ここでは，次に母音で始まる動詞が置かれているので，母音字省略（エリジヨン）して，t' となります。

§24 目的語人称代名詞（1）

(A) 目的語人称代名詞の種類

主語として使われる人称代名詞はすでに学びました。ここでは，直接目的・間接目的となる人称代名詞について学びます。

主語	直接目的	間接目的	強勢形
je (j')	me (m')	me (m')	moi
tu	te (t')	te (t')	toi
il	le (l')	lui	lui
elle	la (l')	lui	elle
nous	nous	nous	nous
vous	vous	vous	vous
ils	les	leur	eux
elles	les	leur	elles

☆注意
1) me, te, le, la は，母音（または無音の h）で始まる語の前では，母音字省略（エリジヨン）を行なって，m', t', l', l' となります。
2) 直接目的語と間接目的語
　　動詞と直接結びつくのが直接目的語，前置詞 à を仲立ちにして間接的に動詞と結びつくのが間接目的語です。
　　直接目的語：動詞＋名詞
　　間接目的語：動詞＋à＋名詞

3） 人称代名詞の間接目的語は原則として「人」を受け，à を含みます。
à Antoine → lui

(B)　目的語人称代名詞の位置

肯定命令（5）参照）以外のすべての文では，動詞または助動詞の直前に置かれます。

> 主語＋(ne)＋目的語人称代名詞＋動詞＋(pas)

1）　平叙文の場合

S'il *vous* plaît ...〔2〕
　お願いです…。［王子さまの第1声です。Il は非人称の il（p.105 で学びます）で，vous は間接目的語です。直訳すると，〈それがあなたの気に入れば〉となります。］

Je *t*'ordonne de *m*'interroger.〔10〕
　わしにたずねることを，おまえに命ずる。
　［王様が王子さまに言います。t'(te) は間接目的語, m'(me) は直接目的語です］

Les étoiles *vous* obéissent?〔10〕
　星たちは陛下（あなた）に服従するのですか。
　［王子さまが王様にたずねます。vous は間接目的語です］

Il n'a jamais ni faim ni soif. Un peu de soleil *lui* suffit.〔24〕
　彼はけっして空腹も渇きもおぼえない。わずかな陽の光があれば，それで彼には充分なんだ…。［パイロットが述べます］

2）　否定文の場合：目的語人称代名詞は否定の ne の後に置かれます。

Antoine ne *le* donne pas à sa sœur.
　アントワーヌはそれを妹にあげない。

3） 疑問文（倒置形）の場合

Antoine *le* donne-t-il à sa sœur ?
　アントワーヌはそれを妹にあげますか？

Antoine ne *lui* donne-t-il pas ce livre ?
　アントワーヌはその本を彼女にあげませんか？

4） 否定命令の場合

Ne *me* dérangez pas.
　僕のじゃまをしないでください。

Ne *me* laissez pas tellement triste. 〔あとがき〕
　こんなに悲しんでいる僕を放っておかないで。　［最後の読者への呼びかけです］

☆不定詞につく目的語人称代名詞は，その直前に置きます。

Pouvez-vous *me* téléphoner ce soir ?
　今晩，わたしに電話してくれますか。

Je puis *t'*aider un jour si tu regrettes trop ta planète. 〔17〕
　君がいつか，自分の星が懐かしくてたまらなくなったら，助けてあげることができるよ。　［ヘビが王子さまに言います］

5） 肯定命令の場合

　肯定命令文では，目的語人称代名詞はつねに動詞のうしろに置かれ，あいだをトレ・デュニオンで結びます。ただし，me, te の代わりに強勢形の moi, toi を用います。

> 動詞-目的語人称代名詞

S'il vous plaît .... Dessine-*moi* un mouton. 〔2〕
　お願いです…ぼくにヒツジの絵をかいて。［平叙文 Tu me dessines un mouton. が命令文になったものです］

S'il te plaît ... apprivoise-*moi*. 〔21〕

ねえ…おれを手なずけておくれよ！〔キツネのセリフです〕

Ecrivez-*lui* une lettre.　彼に手紙を書きなさい。

§25　人称代名詞の強勢形

　目的語人称代名詞がつねに動詞と一体になって用いられるのにたいして，動詞から離れて自由な位置に置かれるのが強勢形です。

(A)　**形態**（p.60 の表を参照）

　　moi,　toi,　lui,　elle,　nous,　vous,　eux,　elles

(B)　**用法**

1）　属詞として，C'est の後で。

　　Qui est-ce ?　— C'est *moi*.
　　　　だれですか。――わたしです。

2）　主語，目的語などを強調して

　　Toi, tu pars et *moi*, je reste.
　　　　君は出発するけれど，僕は残るよ。

　　Elle l'aime, *lui*.　彼女は彼が好きなんだよ。

3）　前置詞のあとで

　　Chez *moi* c'est tout petit.〔2〕
　　　　ぼくのところは，とっても小さいんだ。
　　　　〔王子さまがパイロットに言います〕

　　Je ne puis pas jouer avec *toi*.〔21〕
　　　　君とは遊べないんだ。〔キツネが王子さまに言います〕

4）　比較の **que**，および **ne...que** のあとで

　　Mais tu as été aussi sot que *moi*.〔9〕
　　　　でも，あなたもあたしと同じぐらいばかだったのよ。

［バラの花が王子さまに言います。動詞 as été は être の直説法複合過去形（p.89 で学びます）です］

Elle n'aime que lui.
彼女は彼だけを愛している。

5） **aussi, non plus** などとともに
Alors, *toi aussi* tu viens du ciel !〔3〕
すると、きみも空からやってきたんだね！
［王子さまがパイロットに言います］

Ce livre, je ne le comprends pas, *moi non plus*.
その本、わたしにもわからないわ。

6） **même** と結びついて「〜自身」を表します。
Moi, je puis me juger *moi-même* n'importe où.〔10〕
ぼくは、どこにいても、自分自身を裁くことはできます。
［王子さまが王様に言います］

LPP™

サン＝テグジュペリの言葉 2

大地は私たちのことについて，
万巻の書よりも詳しく教えてくれる。
La terre nous en apprend plus long sur nous
que tous les livres.

　1931年に発表された『夜間飛行』は，新しいヒロイズムの文学として，当時文壇の大家であったジッドの賞讃を博しました。飛行機という新しい輸送手段を小説で取り上げる試みは，ジャーナリスト作家ケッセルの作品以外には前例がなかったのです。

　しかし，小説家として人物造形に自信のもてないサン＝テグジュペリは，それから8年後，1939年には，物語形式を放棄して，エッセイ『人間の土地（*Terre des hommes*）』を書きます。ここでは，大空が大地のメタファーで語られ，飛行家は庭師の姿と重ね合わせられて空を耕す者となります。

　『人間の土地』は，とりわけモラリストとしてのサン＝テグジュペリの資質が発揮された作品で，引用句はその冒頭部分です。これは plus ... que の形で優等比較の文章になっています（p.67 参照）。主語の La terre（大地）と，tous les livres（すべての本）とが比較されています。long は通常は形容詞として使いますが，ここでは副詞で，「長々しく，詳しく」の意味です。

　引用句のあとは，こう続きます。「なぜなら，それは私たちに抵抗するからである。人間は障害によって自分の力をはかるとき，自分を発見するのだ」。障害物を征服するには道具が必要であり，定期航空の道具である飛行機によって，サン＝テグジュペリは困難を征服し，人間と世界の真実を発見することになります。

ユニテ16　他人を裁くより，自分を裁くほうがむずかしい
―― 比較級

Il est bien plus difficile de se juger soi-même que de juger autrui.
他人を裁くより，自分を裁くほうがむずかしいからな。(第10章)

　第2章から第9章まで，語り手は王子さまとの対話を通じて，王子さまについて，またその生活の秘密について少しずつ知るようになりました。第10章からは，物語は語り手との対話の形をとらずに，王子さま自身の探求物語へと展開していきます。友だちの探求というのがその名目ですが，でもすべての探求物語の主題は結局のところ自己探求にほかなりません。王子さまもまた，自分探しの旅に出るのです。

　まず始めに訪れるのは王様の星です。ようやくひとりの家来を得ていそう得意になっている王様は，王子さまを法務大臣に任命するのですが，しかしこの小さな星には裁かなければならない人などいません。すると，この王様は，自分自身を裁きなさいと王子さまに言います。

「他人を裁くより，自分を裁くほうがむずかしいからな。(Il est bien plus difficile de se juger soi-même que de juger autrui.) もし，おまえが自分を公平に裁くことができれば，それはおまえがまことの賢者だということじゃ」

　いろいろと理屈をこねる王様という感じですね。ここでは plus ... que の形で，優等比較級が使われています。主語の Il は非人称主語（p.105 で学びます）で de se juger を受けています。比較されているのは「他人を裁くこと (de juger autrui)」と「自分を裁くこと (de se juger)」であり，この前者より後者のほうが「よりむずかしい (plus difficile)」というわけです。参考に英訳をあげておきましょう。

　It is much harder to judge yourself than to judge others.

§26 形容詞・副詞の比較級

(A) 形容詞の比較級

優等比較，同等比較，劣等比較の3つの種類があります。ただ，劣等比較の表現は日本語にはありませんので，そのまま訳すことはできません。優等比較や同等比較の表現を借りて言い表すしかありません。(〜ほど〜ではない)

また，比較の対象は，que によって表されますが，文意から明らかである場合は省略されます。

plus		優等比較 (〜より…)
aussi	+形容詞+que 〜	同等比較 (〜と同じくらい…)
moins		劣等比較 (〜ほど…ない)

Antoine est *aussi* grand *que* Pierre.
アントワーヌはピエールと同じ背の高さだ。

Sa planète d'origine était à peine *plus* grande *qu*'une maison ! 〔4〕
王子さまのふるさとの星は，一軒の家ほどの大きさしかなかったのだ！ [était はêtre の半過去形 (p.145 で学びます) です。à peine は〈ほとんど…ない〉]

Il [allumeur de réverbère] est *moins* absurde *que* le roi, *que* le vaniteux, *que* le businessman et *que* le buveur. 〔14〕
この人（点灯夫）は，王様や，うぬぼれ屋や，ビジネスマンや，呑んべえほど，ばかげてはいない。[点灯夫について王子さまが言います]

☆形容詞 bon は meilleur という特殊な優等比較級を持ちます。
（plus bon を使うことはまれです）

Ce vin-ci est *meilleur que* ce vin-là.
このワインはあのワインよりうまい。

(B) 副詞の比較級

形容詞の場合と同じく，3つの種類があります。

plus		優等比較（〜より…）
aussi	＋副詞＋que 〜	同等比較（〜と同じくらい…）
moins		劣等比較（〜ほど…ない）

Il parle français *aussi* couramment *que* mon frère.
彼は僕の弟と同じくらい上手にフランス語を話す。

Je puis t'emporter *plus* loin *qu'*un navire.〔17〕
おれは君を運んで行くことができるんだぜ，船で運ぶよりも遠くへ。[ヘビが王子さまに言います。ここでは，主語の Je と un navire が比較されています]

☆注意
1) 副詞 bien は mieux という特殊な優等比較級を持ちます（plus bien という言い方はありません）。
Tu vas *mieux* ?　具合は良くなったかい？

2) その他の特殊な優等比較級には次のものがあります。
　　beaucoup　→　plus
　　peu　　　→　moins
　　mal　　　→　pis
　　　　　（pis は成句の場合に用い，ふつうは plus mal を使います）

Monique travaille *plus que* sa sœur.
　モニックは妹よりたくさん勉強する。

Tant *pis* !（Tant *mieux* !）　仕方がない！（よかった！）

(C) 数量の比較

plus autant moins	＋de＋名詞＋que〜	〜よりたくさんの 〜とおなじだけ 〜よりすくない

Ma sœur a { plus / autant / moins } de robes que moi.

　妹は，わたしよりも { たくさんの / と同じだけ / *よりすくない } ドレスを持っている。

　　　　（*わたしほどたくさんのドレスを持っていない）

ユニテ17　わたしがいちばん美男子だ
——最上級

Je suis l'homme le plus beau de la planète.
わたしがこの星でいちばん美男子だ。（第11章）

　結局王子さまは，「おとなたちってずいぶん不思議な人たちだ」という感想を抱いて，王様の星をあとにします。こうして最初の訪問が終わりますが，ところが以後も次々と，王様におとらず「不思議な」「奇妙な」人たちと出会うことになります。

　王子さまが2番目に訪れた星には，うぬぼれ屋が住んでいます。王様が家来を必要としているように，彼は崇拝者を必要としています。そこで，王子さまが「どういう意味なの〈崇拝する〉って」とたずねると，うぬぼれ屋はこう答えるのです。

　「＜崇拝する＞とは，わたしがこの星でいちばん美男子で，いちばん身だしなみがよくて，いちばん金持ちで，いちばん頭が良い（je suis l'homme le plus beau, le mieux habillé, le plus riche et le plus intelligent de la planète）と認めることを意味するのだ」

　それに対して，王子さまは，この星にはうぬぼれ屋ひとりしかいないのに，この星でいちばんだなんて変なことだなと思うのです。

　フランス語の最上級は，英語とは違って，比較級に定冠詞をつけて作られます。定冠詞の限定するはたらきが最上級を生み出すのですね。ここでは，比較級の plus beau, mieux habillé, plus riche, plus intelligent のそれぞれの前に定冠詞 le が置かれています。引用文の英訳はこうなっています。I am the handsomest, the best-dressed, the richest, and the most intelligent man on the planet.

§27 形容詞・副詞の最上級

(A) 形容詞の最上級

優等・劣等比較級の前に定冠詞をつけると，それが限定するはたらきをして，最上級になります。この定冠詞は，形容詞の性・数にあわせたものを選びます。

1) 形容詞が主語の属詞として用いられている場合

> 定冠詞（le, la, les）＋ plus ＋ 形容詞 ＋ de（優等最上級）
> moins （劣等最上級）

Anne est *la plus* (*moins*) grande *de* sa famille.
アンヌは家族のなかでいちばん背が高い（低い）。

2) 形容詞が名詞修飾語として用いられている場合
 a) 形容詞が名詞の後に置かれた場合
   （名詞を限定する定冠詞と，最上級を表す定冠詞と，2つ必要ですから注意してください）

> 定冠詞 ＋ 名詞 ＋ 定冠詞 ＋ plus ＋ 形容詞 ＋ de（優等最上級）
> moins （劣等最上級）

Le printemps est *la saison la plus agréable* de l'année.
春は一年でいちばん快適な季節だ。

 b) 形容詞が名詞の前に置かれた場合（名詞を限定する定冠詞と，最上級を表す定冠詞は，ひとつでその両方の役割をかねます）

> 定冠詞 ＋ plus ＋ 形容詞 ＋ 名詞 ＋ de（優等最上級）
> moins （劣等最上級）

Ça c'est, pour moi, *le plus* beau et *le plus* triste paysage *du* monde.〔あとがき〕
これが，僕にとって，世界でいちばん美しく，またいちばん悲しい景色なんだ。

Le plus important est invisible.〔24〕
いちばん大事なものは，目に見えないんだ。
〔王子さまを抱きかかえたパイロットが考えます。形容詞 important の最上級ですが，ここでは名詞化されて使われています〕

☆注意
1) 形容詞 bon は，定冠詞＋meilleur という特殊な優等最上級を持ちます。

Cette grande personne est *le meilleur* ami que j'ai au monde.〔まえがき〕
そのおとなは，僕がこの世で得た最良の友人なんだ。

2) 定冠詞の代わりに，所有形容詞，指示形容詞が用いられて，最上級を表すことがあります。

Il est *mon meilleur* ami.　彼は僕の最良の友だちだ。

3) 「もっとも〜のうちのひとつ」の表現は，un (une) des plus (moins) 〜 の形をとります。この des は，前置詞 de と定冠詞 les が縮約したものです。

Venise est *une des plus belles* villes du monde.
ヴェネチアは世界でいちばん美しい町のひとつです。

(B) 副詞の最上級
副詞には性・数の区別がありませんので，定冠詞はつねに le を用います。

| 定冠詞（le）+ plus + 副詞 + de | （優等最上級） |
| moins | （劣等最上級） |

Il court *le plus (moins) vite* de la classe.
彼はクラスでいちばん速く（遅く）走る。

☆副詞 bien は le mieux という特殊な優等最上級を持ちます。

Je suis l'homme le plus beau, *le mieux habillé*...de la planète.〔11〕
わたしはこの星でいちばん美男子で，いちばん身だしなみがいいんだ。［うぬぼれ屋のセリフです］

LPP™

ユニテ18　そこで何をしているの？
―― 疑問代名詞（1）

Que fais-tu là?
そこで何をしているの？（第12章）

　王子さまが訪れる3番目の星には，呑んべえが住んでいます。これはとてもおもしろいやりとりなので，そのすべてを引用しましょう。

「そこで何をしているの？（Que fais-tu là?）
　―呑んでいるのさ。（Je bois.）
　―なぜ呑んでいるの？（Pourquoi bois-tu?）
　―忘れるためさ。（Pour oublier.）
　―何を忘れるためなの？（Pour oublier quoi?）
　―はずかしい気持ちを忘れるためさ。（Pour oublier que j'ai honte.）
　―何がはずかしいの？（Honte de quoi?）
　―酒を呑むのがはずかしいんだよ！（Honte de boire!）」

　いわゆる悪循環というやつですね。こうした回路に入り込んでしまうと，自分一人の力では抜け出せないものです。そこにこそ他者の援助が必要なのです。王子さまは呑んべえを救い出そうとして，質問を重ね，対話を続けようとするのですが，呑んべえのほうは，沈黙のなかに閉じこもってしまいます。

　Que は「何を」を意味する疑問代名詞で，あとに続く主語と動詞は倒置します。会話では倒置しなくてもいい Qu'est-ce que が用いられることが多いので，ここは Qu'est-ce que tu fais là? と言い換えることもできます。

　Honte de quoi の quoi も「何を」を意味する疑問代名詞で，前置詞のあとでは que に代わってこの quoi が用いられます。

§28 疑問代名詞（1）

(A) 疑問代名詞の種類

疑問代名詞には，＜人＞を指すのか，＜もの・こと＞を指すのかという区別と，文中で果たす役割によって，次のような種類があります。

	主語	直接目的語・属詞	間接目的語・状況補語
人	「誰が」 Qui Qui est-ce qui	「誰を」 Qui（倒置） Qui est-ce que	前置詞＋ qui（倒置）
もの こと	「何が」 —— Qu'est-ce qui	「何を」 Que（倒置） Qu'est-ce que	前置詞＋ quoi（倒置）

1) Qui, Que を単純形，Qui est-ce qui など est-ce を含んだ形を複合形と呼びます。que は，次に母音（または無音の h）で始まる語が来ると母音字を省略して，qu' となります。（qui は母音字を省略しません）。

2) これらは疑問詞ですから，くだけた会話の場合を除いて，文章の頭に置かれます。そのとき，「誰を（Qui）」「何を（Que）」の後，および「前置詞＋qui」「前置詞＋quoi」のあとでは，主語と動詞が倒置されます。

(B) ＜人＞を表す疑問代名詞

1） 主語「誰が」

Qui または Qui est-ce qui を用います。文頭に置かれ，あとに3人称単数形の動詞が続きます。

Qui va venir ?　　誰が来る予定ですか？

Qui est-ce qui va venir ?　　誰が来る予定ですか？

Qui me rendra visite ?　〔9〕
だれがあたしのところを訪ねて来てくれるの？　［バラのセリフです．rendra は，動詞 rendre の単純未来形（p.111 で学びます）です］

2） 直接目的語「誰を」

Qui または Qui est-ce que を用います。Qui を用いた場合は，主語と動詞の倒置が行われます。会話では倒置の必要のない Qui est-ce que が多く使われます。

Qui cherchez-vous ?　誰を探しているのですか？

Qui est-ce que vous cherchez ?　誰を探しているのですか？

3） 属詞「誰」

Qui を用いて，主語と動詞の倒置を行います。

Qui êtes-vous ?　〔20〕
きみたちはだれなの？　［王子さまが5千本のバラに言います］

Qui es-tu ? — Je suis un renard.　〔21〕
きみはだれなの？　——おれはキツネさ。

4） 間接目的語・状況補語

前置詞＋qui の形で表し，主語と動詞の倒置を行います。

Avec *qui* voyagez-vous en Europe ?
あなたは誰とヨーロッパ旅行をするのですか？

À *qui* sont-elles ? — Je ne sais pas. À personne.〔13〕
星はだれのものかね？ ——知らない。だれのものでもないよ。
　［ビジネスマンの問いと，それに対する王子さまの答えです。主語の elles は＜les étoiles（星）＞を指しています。À qui の前置詞 à は所属を表します］

(C) ＜もの・こと＞を表す疑問代名詞

1) 主語「何が」
Qu'est-ce qui を用います。文頭に置かれ，動詞は３人称単数です。

Qu'est-ce qui va venir ? 何が来るんだろう？

2) 直接目的語「何を」
Que または Qu'est-ce que を用います。Que を用いた場合は，主語と動詞の倒置が行われます。会話では，倒置の必要のない Qu'est-ce que が多く使われます。

Que prenez-vous comme dessert?
デザートは何になさいますか？

Mais ... *qu'est-ce que* tu fais là ?〔２〕
でも…ここで何をしているんだい？
　［パイロットが初めて会った王子さまにたずねます］

3) 属詞「何」
Que または Qu'est-ce que を用います。

Que devient-elle ? 彼女はどうしているのだろう？

*Qu'est-ce qu'*elle devient ? 彼女はどうしているのだろう？

Qu'est-ce que c'est ? それは何ですか？［Qu'est-ce ? という形もありますが，会話ではあまり用いられません］

Qu'est-ce que c'est que cette chose-là ?〔３〕
このモノはなんなの？［王子さまがパイロットにたずねます］

4） 間接目的語・状況補語

　前置詞＋quoi の形で表し，主語と動詞を倒置します。前置詞のあとでは que ではなく，強勢形の quoi を使います。

　Les épines, à *quoi* servent-elles ?〔7〕
　　トゲは，なんの役に立つの？
　　［王子さまがパイロットにたずねます］

　Sur *quoi* régnez-vous ?〔10〕
　　どこを治めていらっしゃるのですか？
　　［王子さまが王様にたずねます］

(D)　日常会話での疑問代名詞

　日常会話では，主語を表す場合を除き，疑問詞を文頭に置かないで，平叙文の語順のまま用いることができます。その際に，語尾のイントネーションを上げます。日常会話でよく用いられる表現ですが，『星の王子さま』ではほとんど見られません。

1）「誰」　quiを用います。

　a）　直接目的語
　　　Tu cherches *qui* ?　誰を探しているの？

　b）　属詞
　　　C'est *qui* ?　それは誰？

　c）　間接目的語
　　　Tu parles de *qui* ?　誰のことを言ってるの？

2）「何」　強勢形のquoiを用います。

　a）　直接目的語・状況補語
　　　Tu cherches *quoi* ?　何を探しているの？

　b）　属詞
　　　C'est *quoi* ?　それはなんなの？

　c）　間接目的語・状況補語
　　　Tu parles de *quoi* ?　なんのことを言っているの？

ユニテ19　3たす2は5
——数詞（1）

Trois et deux font cinq.
3たす2は5。（第13章）

　第13章に出てくる4番目の星はビジネスマンの星です。この男はとても忙しくて，王子さまがやって来ても頭をあげることさえしません。王子さまが「こんにちわ，タバコの火が消えてますよ」と声をかけると，帰ってきた答えは…，

「3たす2は5。5たす7は12。12たす3は15。こんにちわ。（Trois et deux font cinq. Cinq et sept douze. Douze et trois quinze. Bonjour.）…ふう！　それで，5億162万2731」

　男はひたすら星の数を数えているのです。ここでは，足し算によって数がどんどん大きくふくらんで，5億にまで達します。でも，とりあえずは，1から20までの数字を学ぶことにして，20から上についてはあとのユニテで扱うことにしましょう。

　『星の王子さま』にはずいぶんいろいろな数字が散りばめられています。まず初めに「僕が6歳のとき」と始まり，この6という数字が第2章冒頭の「6年前」となにやら意味ありげな暗合をなしていることは誰でも気づくでしょう。次にはB612という王子さまの星につけられた数字。そして星の数を数えているビジネスマン。また，地球到着の前には，20億という数字も現れます。さらにひとつの庭に咲いている「5千本のバラ」，キツネが言う「10万匹ものキツネ」…。

　これらの数字は，このビジネスマンの章のように，どんなことでも数値化せずには理解できないおとなたちを揶揄するために使われているものもありますが，それだけでなく，語り手自身が数字とたわむれているように思われるものもあります。

§29 数詞（1）

(A) 基数　1〜20

1	un, une [œ̃, yn]	11	onze [ɔ̃z]
2	deux [dø]	12	douze [duz]
3	trois [trwɑ]	13	treize [trɛz]
4	quatre [katr]	14	quatorze [katɔrz]
5	cinq [sɛ̃k]	15	quinze [kɛ̃z]
6	six [sis]	16	seize [sɛz]
7	sept [sɛt]	17	dix-sept [dissɛt]
8	huit [ɥit]	18	dix-huit [dizɥit]
9	neuf [nœf]	19	dix-neuf [diznœf]
10	dix [dis]	20	vingt [vɛ̃]

☆数詞が単独で用いられるとき，5，6，7，8，9，10は終わりの子音を発音しますが，形容詞的に名詞の前に置かれると，5，6，8，10の語末子音は発音されません。

cinq pays [sɛ̃ pɛi]　5つの国　　*six* robes [si rɔb]　6着のドレス
huit livres [ɥi livr]　8冊の本　　*dix* personnes [di pɛrsɔn]　10人

☆neuf はあとに ans（歳），heures（時），が続くと [nœv] と発音されます。

neuf ans [nœvɑ̃]　9歳　　　*neuf* heures [nœvœr]　9時

(B) 序数　1〜20

「第1の」「第2の」に関しては独自の形態があります。「第2の」も含めてそれ以下は，基数の後に -ième [jɛm] をつけて作ります。

1er (1ère)	premier (première)	11^e	onzième
2^e	second (seconde), deuxième [sgɔ̃] [sgɔ̃d]	12^e	douzième
3^e	troisième	13^e	treizième
4^e	quatrième	14^e	quatorzième
5^e	cinquième	15^e	quinzième
6^e	sixième	16^e	seizième
7^e	septième	17^e	dix-septième
8^e	huitième	18^e	dix-huitième
9^e	neuvième	19^e	dix-neuvième
10^e	dixième	20^e	vingtième

La *première* leçon 　第 1 章
Le *vingtième* siècle 　20世紀

☆注意
1) 語末が -e で終わるものは，この -e を落とします：
　　quatre → quatrième
2) cinq は，語末に -u を加えます：cinquième
3) neuf は，語末の -f を -v に変えます：neuvième

(C) 曜日と月

lundi [lœ̃di]	月曜日	vendredi [vɑ̃drədi]	金曜日
mardi [mardi]	火曜日	samedi [samdi]	土曜日
mercredi [mɛrkrədi]	水曜日	dimanche [dimɑ̃ʃ]	日曜日
jeudi [ʒødi]	木曜日		

曜日名はすべて男性名詞です。原則として冠詞をつけません。

Quel jour sommes-nous ? —— Nous sommes *lundi*.
今日は何曜日ですか？ —— 月曜日です。

☆定冠詞がつくと「毎週〜曜日に」の意味になります。

Ils dansent *le jeudi* avec les filles du village. 〔21〕
彼らは木曜日には村の娘たちと踊るんだ。［キツネが村の猟師たちについて言います。le jeudi と定冠詞がついて毎木曜日の意味になります］

janvier [ʒɑ̃vje]	1月	juillet [ʒɥijɛ]	7月
février [fevrije]	2月	août [u, ut]	8月
mars [mars]	3月	septembre [sɛptɑ̃br]	9月
avril [avril]	4月	octobre [ɔktɔbr]	10月
mai [mɛ]	5月	novembre [nɔvɑ̃br]	11月
juin [ʒɥɛ̃]	6月	décembre [desɑ̃br]	12月

月の名前はすべて男性名詞。無冠詞で使われます。「〜月に」は en + 月名，または au mois de + 月名で表します。

en juin ＝ *au mois de* juin　　6月に

(D)　日付の読み方

1日のみ序数を用います。その他は基数です（年号については p.99 で学びます）。

le premier mars　　3月1日
le 29 juin 1900　　1900年6月29日
　　　　　　　　　　［サン=テグジュペリの誕生日］
le 31 juillet 1944　　1944年7月31日
　　　　　　　　　　［サン=テグジュペリが消息を絶った日］

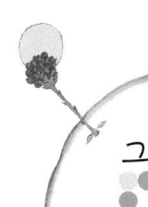

ユニテ20　きみは星を摘み取ることはできないよ
―― 不定詞を従える動詞

Mais tu ne peux pas cueillir les étoiles.
きみは星を摘み取ることはできないよ。(第13章)

　星の数を数えて，それを管理することに専念しているビジネスマンに向かって，王子さまはそんなことがなんになるのだろうかと疑問を抱きます。そしてこう言うのです。

　「ぼくなら，もし花を一輪持っていたら，それを摘み取って持って行くことができるよ。でも，きみは星を摘み取ることはできないよ！（Moi, si je possède une fleur, je *puis* cueillir ma fleur et l'emporter. Mais tu ne *peux* pas cueillir les étoiles.）」

　不定詞を従える動詞にはいろいろな種類がありますが，ここでは叙法動詞と呼ばれるグループに属する pouvoir が使われています。英語の can にあたりますが，フランスの pouvoir は助動詞ではなく動詞です。英訳ではこうなっています。If I own a flower, I *can* pick it and take it away. But you *can't* pick the stars! この叙法動詞には，他に devoir, savoir, vouloir があります。

　こうして，王子さまは，ビジネスマンに向かって，ただ星を所有しているだけでは星のために役立っていないと批判することになります。ビジネスマンの所有はそれ自身が目的化してしまって，所有のための所有という閉鎖的な回路に落ち込んでいるのです。ここでは，ビジネスマン businessman という英語が使われているように，アメリカの実業家たちに対する揶揄が見られます。『星の王子さま』は作者のニューヨーク滞在中に執筆され，まずアメリカで出版されました。しかし，この書物に顕著に見られるアメリカ文明批判に対しては，刊行当時から反発があったと言われています。

§30 不定詞を従える動詞

(A) 願望を表す表現

aimer（〜するのが好きだ），désirer（〜したい），compter（〜するつもりだ），などは不定詞を従えることができます。

Je n'*aime* pas condamner à mort. 〔10〕
　ぼくは死刑を宣告するのはいやです。[王子さまが王様に言います]

Je *désire* lire *le Petit Prince* en français.
　わたしは『星の王子さま』をフランス語で読みたい。

(B) 叙法動詞

次の4つの -oir 型動詞は，しばしば不定詞を従えて用いられます。

devoir 〜ねばならない		**pouvoir** 〜できる	
je dois	nous devons	je peux (puis)	nous pouvons
tu dois	vous devez	tu peux	vous pouvez
il doit	ils doivent	il peut	ils peuvent
savoir 〜できる		**vouloir** 〜したい	
je sais	nous savons	je veux	nous voulons
tu sais	vous savez	tu veux	vous voulez
il sait	ils savent	il veut	ils veulent

Qu'est-ce que ça *veut* dire ? 〔13〕
　どういう意味なの？ ［王子さまがビジネスマンにたずねます。
　vouloir dire ... は「〜を意味する」］

Je ne *puis* pas jouer avec toi. 〔21〕
　おれは君とは遊べないんだ。［キツネが王子さまに言います。
　puis は否定文や疑問文で，peux に代わって使われます］

Tu *dois* maintenant travailler. Tu *dois* repartir vers ta machine.〔25〕
きみはこれから仕事をしなくてはいけない。きみの機械のところに帰らなくちゃいけない。［砂漠で井戸を発見したあと，王子さまがパイロットに言います］

Je ne *peux* pas emporter ce corps-là. C'est trop lourd.〔26〕
ぼくはこのからだを運んで行くことができない。重すぎるんだ。［別れのときが近づいて，王子さまがパイロットに言います］

☆ savoir と pouvoir の違いについて
　ともに「〜できる」と訳せますが，たとえば，je *sais* nager は「泳ぎ方を知っている」という意味ですが，je *peux* nager は「泳ぐことが可能である」という意味です。

Je *sais* nager. Je *veux* nager, mais je ne *peux* pas nager maintenant.　J'ai de la fièvre.
僕は泳げる。僕は泳ぎたい。でもいまは泳ぐことができない。熱があるんだ。

(C)　使役動詞

　＜**faire** + 不定詞＞の形で使役の意味（〜させる）を表します。(faire の活用→ p.54)

Le géographe *fait* faire une enquête sur la moralité de l'explorateur.〔15〕
地理学者はその探検家の品行について調査させるのじゃ。
［地理学者のセリフです］

(D) 放任動詞

＜laisser +不定詞＞ の形で放任の意味（〜させておく）を表します。

S'il s'agit d'une brindille de radis ou de rosier, on peut la *laisser* pousser comme elle veut.　〔5〕
それがラディッシュやバラの芽だったら，そのまま好きなように生長させておけばいい。　［王子さまがパイロットに言います。後半の文章の la および elle は une brindille（芽）を指しています。］

Laisse-moi faire, c'est trop lourd pour toi.　〔25〕
僕にまかせたまえ，君には重すぎるよ。
［パイロットが王子さまに言います］

(E) 感覚動詞

感覚を表す動詞は不定詞を従えます。感覚動詞には，voir（見る，見える），regarder（見る），entendre（聞く，聞こえる），écouter（聴く），sentir（感じる）などがあります。

J'*entends* ma sœur chanter.　妹が歌っているのが聞こえる。

Je n'*ai vu* personne bâiller depuis des années.　〔10〕
もう何年ものあいだ，あくびをする者をひとりとして見たことがない。　［王様のセリフです。ai vu は voir（見る）の複合過去形（p.89 で学びます）です］

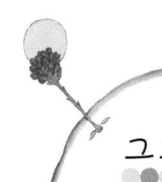

ユニテ21 指令は変わらなかった
―― 複合過去

> La consigne n'a pas changé.
> 指令は変わらなかった。(第14章)

　第5番目は点灯夫の星です。これはいちばん小さい星でした。天空のこんな場所で街灯と点灯夫がなんの役に立つのだろうかと、王子さまは自問しますが、どう考えてもわかりません。でも、街灯を灯すのは、宇宙に星をもうひとつ、あるいは花をもう一輪咲かせるようなものだと思うのです。

　王子さまは、星に近づいて、点灯夫にうやうやしくあいさつします。点灯夫がひんぱんに街灯を灯したり消したりしているのを見て、そのわけをたずねると、「指令なんだ」という返事。さらに「指令が変わったの？」とたずねると、こんな答えが返ってきました。

> 「指令は変わらなかった。それこそが悲劇なんだ！（La consigne n'a pas changé. C'est bien là le drame!）　星は年々、だんだん早く回転するようになったのに、指令は変わらなかったんだ！」

　La consigne n'a pas changé は直説法複合過去形です。助動詞（avoir または être）＋過去分詞で表され、肯定文では La consigne a changé となります。否定文では助動詞を ne ... pas ではさみ、過去分詞は pas の後ろに置かれます。
　英訳では、Orders haven't changed. です。フランス語の複合過去は、その形が英語の現在完了に似ているように、現在完了としての用法もありますが、その他に過去の一時的行為を表す時制として、とくに会話では広く使われています。

§31 過去分詞

フランス語の過去分詞は，複合過去などの複合時制や，受動態に欠かせないものです。過去分詞はその語尾によって次の五つの型に分けられます。

| -é | -i | -u | -s | -t |

1) **-er** 動詞の過去分詞はすべて語尾が **-é** です。
   aimer → aimé,　chanter → chanté
   aller → allé

2) **-ir** 動詞の過去分詞の大半は語尾が **-i** ですが，ただし例外も多いです。
   finir → fini,　partir → parti,　sortir → sorti
   例外：mourir → mort,　venir → venu,
   　　　ouvrir → ouvert

3) **-oir** 動詞の過去分詞の大半は語尾が **-u** です。
   avoir → eu [y],　voir → vu,　devoir → dû,
   pouvoir → pu,　savoir → su,　vouloir → voulu

4) **-re** 動詞の過去分詞は語尾が **-s, -t, -u** などです。
   -s : prendre → pris,　mettre → mis
   -t : dire → dit,　faire → fait
   -u : lire → lu,　connaître → connu
   　　 rendre → rendu,　vivre → vécu
   例外：être → été,　naître → né

§32　直説法複合過去

　フランス語において，過去を表す時制のなかで，とりわけ会話において広く用いられるのが複合過去です。

(A)　複合過去の形態
1)　avoir ＋過去分詞

　　すべての他動詞と，大部分の自動詞は助動詞に avoir を取って複合過去を作ります。

aimer	
j'ai aimé	nous avons aimé
tu as aimé	vous avez aimé
il a aimé	ils ont aimé

2)　être ＋過去分詞

　　おもに場所の移動を表すいくつかの自動詞は，助動詞に être を取って複合過去を作ります。このとき，過去分詞は主語に性・数一致します（女性形では -e，複数では -s をつけます）。

aller	
je suis allé(e)	nous sommes allé(e)s
tu es allé(e)	vous êtes allé(e)(s)
il est allé	ils sont allés
elle est allée	elles sont allées

　☆次のような自動詞は助動詞に être をとります。

$\begin{pmatrix} \text{aller} & \text{行く} \\ \text{venir} & \text{来る} \end{pmatrix}$　$\begin{pmatrix} \text{partir} & \text{出発する} \\ \text{arriver} & \text{着く} \end{pmatrix}$　$\begin{pmatrix} \text{entrer} & \text{入る} \\ \text{sortir} & \text{出る} \end{pmatrix}$

$\begin{pmatrix} \text{monter} & \text{上る} \\ \text{descendre} & \text{降りる} \end{pmatrix}$　$\begin{pmatrix} \text{rentrer} & \text{帰る} \\ \text{revenir} & \text{戻る} \end{pmatrix}$

$$\begin{pmatrix} \text{naître} & \text{生まれる} \\ \text{mourir} & \text{死ぬ} \end{pmatrix} \begin{pmatrix} \text{rester} & \text{とどまる} & \text{devenir} & \text{なる} \\ \text{tomber} & \text{落ちる} & & \end{pmatrix}$$

(B) 複合過去の否定形

助動詞を ne ... pas ではさみます。過去分詞は pas のうしろに置かれます。

```
ne  +  助動詞  +  pas  +  過去分詞
```

Je *n'ai pas* dansé.　私は踊らなかった。

Vous *n'êtes pas* partie.　あなたはでかけなかった。

(C)　複合過去の疑問形

1）　倒置形による疑問の場合は，助動詞と主語代名詞を倒置させて，トレ・デュニオンでつなぎ，過去分詞はうしろに残ります。

Antoine a-t-il chanté ?　アントワーヌは歌いましたか？

Marie est-elle arrivée ?　マリーは着きましたか

2）　否定の倒置形は，＜助動詞＋主語代名詞＞を ne ... pas ではさみます。

Antoine n'a-t-il pas chanté ?　アントワーヌは歌いませんでしたか？

Marie n'est-elle pas arrivée ?　マリーは着きませんでしたか？

§33　複合過去の用法

複合過去は英語の現在完了に形が似ているように，「現在から見て完了している行為」を表します。しかし，それだけでなく，今日では広く「過去」をも表します。

J'*ai vu*, une fois, une magnifique image.　〔1〕
　　僕はすばらしい挿絵を一度見たことがある。

Comment! tu *es tombé* du ciel!　〔3〕

なんだって！ 空から落ちてきたの！ ［王子さまがパイロットに言います。ここでは助動詞に être が使われます。過去分詞は主語 tu に性数一致しますが，男性単数なので tombé のままです］

Je *suis née* en même temps que le soleil .... 〔8〕
わたしは太陽と同時に生まれたのよ…。 ［バラの花が王子さまに言います。助動詞に être が使われ，また主語の Je が女性を指していますので，過去分詞 né はそれに性数一致して，女性単数形の e がつきます］

☆注意

1） 副詞は過去分詞の直前に置かれます。

J'ai *ainsi* vécu seul. 〔2〕
こんなふうに僕は孤独に生きてきた。

2） entrer, sortir, monter, descendre などは，他動詞としても使われることがあります。そのときは，助動詞に avoir をとります。

J'*ai monté* l'escalier à toute vitesse.
僕は階段を全速力で上った。

3） 直説法複合過去などの複合時制において，直接目的語が動詞の前に置かれる場合，過去分詞は直接目的語に性数一致します。

Cette revue, je l'ai déjà lu*e*.
その雑誌，もう読んだよ。［過去分詞 lu が l' (la) に性数一致して，単数女性の -e がつきます］

LPP™

ユニテ22　海がどこにあるかを知っている学者なのだ
――関係代名詞（1）

C'est un savant qui connaît où se trouvent les mers.
それは、海がどこにあるかを知っている学者なのだ。（第15章）

　6番目の星は10倍も大きい星でした。そこには、並はずれて大きな本を書いている老人が住んでいました。ここで何をしているんですか、と王子さまがたずねると、老人は自分は地理学者だと答えます。

「なんですか、地理学者って？」― 「それは、海や、川や、町や、山や、砂漠がどこにあるかを知っている学者なのだ。（C'est un savant qui connaît où se trouvent les mers, les fleuves, les villes, les montagnes et les déserts.）」

　関係代名詞にはいくつかの種類がありますが、主語を表すときには qui を用います。先行詞は人でも物でもかまいません。この人と物の区別がないというのが、フランス語の特徴のひとつでもあります。英訳では先行詞が人なので who を用いています。A scholar who knows where the sea are, and the rivers, the cities, the mountains, and the deserts.

　地理学者の訪問は、王子さまに2つのことを教えてくれました。ひとつは王子さまの星に咲いているバラの花が「はかない」ものだということです。そんなバラをひとりぼっちで星に残してきたことを王子さまは後悔します。そして、もうひとつ、次には地球を訪問することを勧めます。こうして、6つの星巡りを終えて、王子さまは地球にやってくることになるのです。

§34 関係代名詞（1）

　先行する名詞を修飾する節があるとき，この名詞を先行詞，あとに続く節を関係詞節と呼びます。また，これらをつなぐ接着材のようなはたらきをするのが関係代名詞です。関係代名詞には次のような種類があります。

先行詞	主格	直接目的格・属詞	de を含む
人	qui	que	dont
もの・こと			
場所・時	où		d'où

(A)　主格：qui

　先行詞が関係詞節の主語となるときは，関係代名詞 qui を用います。先行詞は人でも物でもかまいません。

Des mouches ? — Mais non, des petites choses *qui* brillent. 〔13〕
　ハエなの？　——　そうじゃない，光り輝く小さなものだ。
　［王子さまとビジネスマンのやりとりです］

Les camarades *qui* m'ont revu ont été bien contents de me revoir vivant. 〔27〕
　再会した仲間たちは，僕が生きて還れたのを見て，とても喜んでくれた。［動詞 ont revu およびont été は直説法複合過去形です］

(B)　直接目的格：que

　先行詞が関係詞節の直接目的になるときは，関係代名詞 que を用います。先行詞は人でも物でもかまいません。

Le mouton *que* tu veux est dedans. 〔2〕
　君のほしいヒツジは，この中だ。[パイロットが王子さまに言います]

Les étoiles sont belles, à cause d'une fleur *que* l'on ne voit pas ... 〔24〕
　星たちは美しい。それはここからは見えない花のためなんだ…。[王子さまがパイロットに言います。l'on は，que や où の後で，on (p.184 で学びます) に代わって使われます]

☆過去分詞の性数一致
　関係代名詞 que を用いると，直接目的語が動詞より前に置かれます。動詞が複合時制の場合は，過去分詞が先行する直接目的語に性数一致します。

C'est *une robe* qu'elle a achet*ée* hier.
　それは彼女が昨日買ったドレスです。

(C) 属詞：que

先行詞が属詞となる場合，que を用います。

Malade *qu'*elle est, elle ne sort pas aujourd'hui.
　病気なので，彼女は今日は外出しない。

(D) 場所・時：où

先行詞が場所・時を表すとき，関係代名詞 où を用います。

On n'est jamais content là *où* l'on est. 〔22〕
　だれも自分のいるところには，けっして満足できないんだよ。[転轍手が王子さまに言います。ここでは場所を表す副詞 là が先行詞になっています]

Le matin *où* je t'ai connu, il y a huit jours, tu te promenais comme ça, tout seul. 〔25〕
　1週間前に，僕が君と知り合った朝，君はあんなふうにひとりきりで歩いていた。　［パイロットが言います。ここでは時を表す副詞 matin が先行詞になっています。動詞 promenais は半過去形です（p.145 で学びます）］

(E) 前置詞 de を含む：dont

　先行詞と関係詞節が，前置詞 de によって結ばれる関係のとき，関係代名詞 dont を用います。（dont のなかには，de が含まれています）。先行詞は人でも物でもかまいません。

Je connais une jeune fille *dont* le père est médecin.
　お父さんが医者である娘さんを知っています。
　　(cf. Je connais une jeune fille. Son père（= le père *de* cette jeune fille）est médecin.)

Celui que je touche, je le rends à la terre *dont* il est sorti. 〔17〕
　おれが触れるものは，それが出てきたもとの大地へと返してやるのさ。［ヘビのセリフです。le は目的語人称代名詞で，先行の celui を受けています］
　　(cf. Celui que je touche, je le rends à la terre. Il est sorti *de* cette terre.)

ユニテ23　およそ20億人のおとなたちがいる
―― 数詞（２）・（３）

> On y compte ... environ deux milliards de grandes personnes.
> ここには，…およそ20億人のおとなたちがいる。　（第16章）

　こうして６つの星巡りが終わりますが，王子さまはそこでひとりも友だちを見つけることはできませんでした。彼は相手が何者なのかを知ろうとして，次々と質問を重ねますが，相手のほうでは，自分の関心の範囲内でしか王子さまと応対しません。すなわち，王子さまを家来（王様の場合），崇拝者（うぬぼれ屋の場合），探検家（地理学者の場合）と見るか，または自分の飲酒癖（呑んべえの場合），所有欲（ビジネスマンの場合），不合理な指令（点灯夫の場合）にしばられたままです。この訪問から王子さまが知るのは，点灯夫の場合を別として，相手が「奇妙な」人たちだということです。

　全27章のうちの第10章から第15章までを占めるこの小惑星歴訪は，いわば中間部の幕間狂言をなしていて，物語の筋立てとは直接かかわりを持ちませんが，ただこの作品の魅力を形成する重要な要素となっています。そして，物語は第16章から後半部へと入ることになります。７番目の星はそんなわけで地球だった，と第16章は始まり，次にこう語られます。

　「地球はありきたりの星ではないんだ！　ここには，111人の王様，7000人の地理学者，90万人のビジネスマン，750万人の酔っぱらい，3億1100万人のうぬぼれ屋，つまりおよそ20億人のおとなたちがいる。(On y compte cent onze rois, sept mille géographes, neuf cent mille businessmen, sept millions et demi d'ivrognes, trois cent onze millions de vaniteux, c'est-à-dire environ deux milliards de grandes personnes.)」

§35 数詞（2）

(A) 基数　21-99

21-69

☆21, 31, 41…のように端数に1があるときは et un（あとに女性名詞が続くときは et une）となり，他はトレ・デュニオンでつなぎます。

21	vingt et un(une)	31	trente et un(une)
22	vingt-deux	32	trente-deux
23	vingt-trois	40	quarante
……		50	cinquante
29	vingt-neuf	60	soixante
30	trente	69	soixante-neuf

70-79

☆70以降は，60＋10…となります。71は60＋11となりますが，これまでの端数1の場合と同じく et でつなぎます。

70	soixante-dix	78	soixante-dix-huit
71	soixante et onze	79	soixante-dix-neuf
72	soixante-douze		

80-99

☆80は，4×20（quatre-vingt）となりますが，これはケルトの遺産である20進法の名残です。また80では quatre-vingts と複数の -s がつきますが，81以降で端数がつくと，この -s は消えます。90は4×20＋10とな

り，以下同様です。

80	quatre-vingts	90	quatre-vingt-dix
81	quatre-vingt-un	91	quatre-vingt-onze
82	quatre-vingt-deux	99	quatre-vingt-dix-neuf

Trois et deux font cinq. Cinq et sept douze. Douze et trois quinze. Bonjour. Quinze et sept vingt-deux. Vingt-deux et six vingt-huit. Pas le temps de la rallumer. Vingt-six et cinq trente et un.〔13〕

3たす2は5。5たす7は12。12たす3は15。こんにちは。15たす7は22。22たす6は28。火をつけなおす暇もない。26たす5は31。〔足し算をするビジネスマンです〕

(B) 序数　21-99

基数の後に -ième をつけて作ります。語末が -e の場合にはこれを落とします。

21e　vingt et unième

22e　vingt-deuxième

80e　quatre-vingtième

99e　quatre-vingt-dix-neuvième

§36　数詞（3）

(A)　100 以上の数

100	cent	1000	mille
101	cent un	1001	mille un
102	cent deux	1100	mille cent

103	cent trois	2000	deux mille
200	deux cents	10 000	dix mille
201	deux cent un	20 000	vingt mille
202	deux cent deux	100 000	cent mille
300	trois cents	1 000 000	un million
400	quatre cents	2 000 000	deux millions

☆注意
1) cent および million では，deux cents, deux millions のように複数形の -s がつきます。しかし，deux cent un のように，そのあとに端数が続くときは，複数形の -s はいりません。
2) mille は元来が複数形に由来しますから，deux mille のように，そのあとに端数が続かない場合でも，複数形の -s がつきません。
3) million は名詞なので，後に名詞を続けるときには de が必要です。
 un million d'habitants　100万の人口

(B) 年号の読み方
1900　mille neuf cents　（dix-neuf cents ともいう）
1944　mille neuf cent quarante quatre　（dix-neuf cent quarante quatre ともいう）
2010　deux mille dix

ユニテ24　おれが触れるものは…
——指示代名詞

Celui que je touche ...
おれが触れるものは…　（第17章）

　小惑星を歴訪した王子さまは，そこで奇妙なおとなたちと対話しましたが，ひとたび地球に降り立つと，しばらくは人に出会うことがありません。彼が出会うのは，順番に，ヘビ，花，こだま，バラ，キツネです。

　地球に降り立った王子さまは，人影がまったくないのに驚きます。そこは砂漠だったのです。そして最初に出会ったのは，砂漠に住むヘビでした。どこにいるんだろう人間たちは？　砂漠にいると少しさびしいね…と王子さまが言うと，ヘビは，人間たちのなかにいてもさびしいものさ，と応じます。そして，ヘビは黄金の腕輪のように王子さまのくるぶしに巻きついて，謎めいたことばを発するのです。

　「おれが触れるものは，大地へ，もといた場所へと返してやるのさ。(Celui que je touche, je le rends à la terre dont il est sorti.) …君がいつか，自分の星が懐かしくてたまらなくなったら，助けてあげることができるよ。」

　ここでヘビは，王子さまのくるぶしに巻きついて，1年後に行う儀式，つまり王子さまを遠くへ運んでいくための儀式を前もってほのめかします。触れるものを大地に還らせるとは，明らかに死の暗示となっています。

　さて，引用部分ですが，英訳では Anyone I touch, I send back to the land from which he came. となっています。Anyone にあたるフランス語の celui は，指示代名詞と呼ばれるもので，既出の男性単数名詞に代わって用いられたり，あるいはこの場合のように不特定の「ある人」を意味します。

§37　指示代名詞

(A)　性・数に関係のない指示代名詞

1）　**ce**

　　a）être の主語として用いられます。

　　　C'est triste d'oublier un ami.　〔4〕

　　　　友だちのことを忘れるなんて，悲しいことだよ。　［語り手のことばです。主語の Ce は，〈de＋不定詞〉を受けています］

　　b）関係代名詞の先行詞として，「～（ところの）もの，こと」の意味で用いられます。

　　　Un mouton mange tout *ce* qu'il rencontre.　〔7〕

　　　　ヒツジは手当たりしだい，なんでも食べるよ。［パイロットが王子さまに言います］

　　　Et les hommes manquent d'imagination. Ils répètent *ce* qu'on leur dit ...　〔19〕

　　　　おまけに人間たちには想像力が欠けている。ひとの言ったことをくりかえすばかりだ…。　［王子さまのセリフです］

　　　Les enfants seuls savent *ce* qu'ils cherchent.　〔22〕

　　　　子どもたちだけが，自分が何を探しているのか知っているんだね。［王子さまが転轍手に言います］

2）　**ceci, cela, ça**

　　a）「これ」「あれ」と対比的に表すときに ceci, cela を並べて使います。

　　　Ceci est petit, *cela* est grand.

　　　　これは小さいが，あれは大きい。

　　b）cela は一般的な指示詞として使われます。前文の内容などを受けます。

　　　Tu n'en as rien su, par ma faute. *Cela* n'a aucune importance.　〔9〕

あなたがそのことに少しも気がつかなかったのは，あたしが悪かったの。それはどうでもいいことだけれど。〔バラの花が王子さまに言います。en は中性代名詞（p.138 で学びます）で前文を受けます〕

Je t'admire, mais en quoi *cela* peut-il bien t'intéresser ? 〔11〕
崇拝するよ，でも，どうしてそれが大事なことなの？〔王子さまがうぬぼれ屋に言います。cela を il で受けて peut-il と倒置疑問になっています。〕

c）Ça は cela の口語的な形で，会話でよく用いられます。
Ça fait déjà un mois que nous parlons ensemble. 〔14〕

もうひと月も前から，僕たちは一緒に話をしているんだよ。〔点灯夫が王子さまに言います．Ça (Cela) fait＋期間＋que ... の構文です〕

Ils [les hommes] manquent de racine, *ça* les gêne beaucoup. 〔18〕
彼ら（人間たち）には根がないから，とても困るの。〔一輪の花が王子さまに言います〕

(B) 性・数変化する指示代名詞

３人称代名詞強勢形の lui, elle, eux, elles の頭に指示要素である ce が結びついたものです

	単数	複数
男性	celui	ceux
女性	celle	celles

1） de によって限定される名詞の反復を避けるために用いられます

La quatrième planète était *celle* du businessman.〔13〕
　4番目の星は、ビジネスマンの星だった。［celle は la planète の代わりです。était は être の直説法半過去形です（p.145 で学びます）］

C'est le même paysage que *celui* de la page précédente.
　〔あとがき〕
　これは前のページの景色と同じものだ。　［celui は le paysage の代わりです］

2）関係代名詞の先行詞として用いられます。
　a）先行詞が明白な場合
　　Je possède trois volcans que je ramone toutes les semaines. Car je ramone aussi *celui* qui est éteint.〔13〕
　　ぼくは3つの火山を持っていて、毎週、煤払いをするんだ。休火山も同じように煤払いをする必要があるからだよ。［王子さまがビジネスマンに言います。celui は le volcan の代わりです］

　b）不特定の「人」「人々」を表します。
　　Celui qui porte un chapeau est mon oncle.
　　帽子をかぶっている人は私のおじさんです。

　　Je risque de donner une fausse idée de notre planète à *ceux* qui ne la connaissent pas.〔17〕
　　僕たちの星のことをよく知らない人たちに、まちがった考えを与えてしまったかもしれない。　［語り手のことばです］

　c）対立を示すために、名詞（代名詞）のあとに -ci, -là をつけることもあります。
　　Ce vin-*ci* est meilleur que celui-*là*.
　　このワインはあのワインよりもおいしい。

ユニテ㉔　指示代名詞

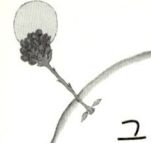

ユニテ25　6，7人はいると思うわ
―― 非人称構文

Les hommes? Il en existe, je crois, six ou sept.
人間たちですって？　いるわよ，6，7人はいると思うわ。(第18章)

　ヘビと別れたあと，王子さまは砂漠を横断しますが，出会ったのは一輪の花だけでした。「こんにちわ」とあいさつをかわしたあと，王子さまは「どこにいるんですか，人間たちは？」とたずねます。すると花が答えます。

「人間たちですって？　いるわよ，6，7人はいると思うわ。(Les hommes? Il en existe, je crois, six ou sept.) 見たことがあるの，何年も前に。でも，どこで見つかるかは，ぜんぜんわからないわ。風に吹かれてさすらうのよ。人間たちには根がないから，とても困るの」

　Il en existe の en は中性代名詞と呼ばれるもので，p.137で学びます。これは前の hommes を受けていますので，この文章は Il existe six ou sept hommes と書き換えることができます。ところで，この文の主語となっている Il ですが，これは仮の主語として使われていて，意味上の主語はあとの six ou sept hommes です。このような Il を非人称の Il と呼び，またこのような構文を非人称構文と呼んでいます。すなわち Il existe ... で「…がある」の意味になります。この部分の英訳は People? There are six or seven of them, I believe, in existence. です。
　ところで，Il existe... はすでに学んだ提示表現としての Il y a ...「…がある」と同じであることに気づかれたでしょう。Il y a ... もまた同じく非人称構文のひとつなのです。

§38 非人称構文

「彼，それ」の意味はなく，たんに形式上の主語として使われる il を＜非人称のil＞と呼びます。そして，この＜非人称のil＞を主語にして，3人称単数形にしか用いられない動詞を＜非人称動詞＞，またこの構文を＜非人称構文＞といいます。

(A) 天候を表す表現

1) **faire**

faire は「作る，する」など広い意味に使われる動詞ですが（→p.54），＜非人称の il＞を主語にとり，3人称単数で，天候を表す＜非人称動詞＞としても使われます。

Quel temps *fait-il* aujourd'hui ?
　今日はどんな天気（気候）ですか。

a) **Il fait**＋形容詞（名詞）

Il fait beau(mauvais).　　天気が良い（悪い）です。

Il fait froid(chaud).　　寒い（暑い）です。

Il fait jour(nuit).　　夜が明ける（日が暮れる）。

Il fait très froid chez vous.〔8〕
　あなたのところはとても寒いんですもの。［バラの花が王子さまに言います］

b) **Il fait**＋部分冠詞＋名詞

Il fait du soleil(du vent, de la pluie).
　陽が照っている（風がある，雨が降っている）。

2) 非人称動詞

pleuvoir（雨が降る），neiger（雪が降る），などの＜非人称動詞＞は，il を主語にとり，＜非人称構文＞でしか使われません。

Il pleut(*neige*).　雨が降る（雪が降る）。

(B)　時間を表す表現

être は，＜非人称の il＞を主語にとり，時間を表す＜非人称動詞＞としても使われます。

Quelle heure *est-il* ?（Vous avez l'heure ?）　何時ですか？

Il est une heure.　1時です。

☆2時以降は，複数形の heures になります。
Il est deux *heures*.　2時です。

☆「〜時〜分」では，分を表す minute(s) は不要です。
Il est trois heures dix.　3時10分です。

☆「〜時15分」「〜時半」の場合は，接続詞 et の次に quart(4分の1)，demie(半分の) を用います。
Il est quatre heures et *quart*.　4時15分です。

Il est cinq heures et *demie*.　5時半です。

☆「〜分前」を表すには，moins を用います。
Il est six heures *moins* huit.　6時8分前です。

☆「15分前」のときには，quart の前に定冠詞 le が必要です。
Il est sept heures moins *le quart*.　7時15分前です。

☆「正午」などの場合
Il est midi (minuit).　正午（真夜中）です。

Quand *il est midi* aux États-Unis, le soleil se couche sur la France.　〔6〕
アメリカ合衆国が正午のとき，フランスでは太陽が沈んでいく。［se couche は代名動詞です（p.125 で学びます）］

(C) その他の非人称表現

1) **Il est＋形容詞＋de＋不定詞**
　形式上の主語である＜非人称のil＞が，意味上の主語である de＋不定詞を受けます。

　　Il est contraire à l'étiquette *de* bâiller en présence d'un roi. 〔10〕
　　　国王の前であくびをするのは，礼儀に反することじゃ。［王様が王子さまに言います］

　　Il est absurde *de* chercher un puits, au hasard, dans l'immensité du désert〔24〕
　　　広大な砂漠のなかを，あてもなく井戸を探しに出かけるなんて，ばかげたことだ。［語り手が言います］

2) **Il faut**
　falloir は非人称動詞で，＜非人称の il ＞を主語にして，3人称単数にしか活用しません。

　a) **Il faut＋不定詞** 「～しなければならない」
　　Mais *il faut* attendre…. 〔6〕
　　　でも，待たなくっちゃ…。［夕陽を見に行こうとする王子さまに，パイロットが言います］

　　Il ne *faut* jamais écouter les fleurs. Il *faut* les regarder et les respirer. 〔8〕
　　　花の言うことなんて，けっして耳を傾けてはいけない。花というのは，眺めたり香りをかいだりするものなんだ。
　　　［王子さまがバラの花を思い出して言います］

　　Que *faut-il* faire? — *Il faut* être très patient. 〔21〕
　　　どうすればいいの？ ——とても忍耐力がいるんだ。
　　　［王子さまとキツネのやりとりです］

b) **Il faut**＋名詞（〜が必要である）
Il faut des rites. — Qu'est-ce qu'un rite? 〔21〕
しきたりってものが必要なんだ。——しきたりってなんなの？［キツネと王子さまのやりとりです］

3) **Il y a** は「〜がいる（ある）」の意味になります。ユニテ4・提示表現（→ p.12）ですでに学びました。
Il y a une fleur ... je crois qu'elle m'a apprivoisé ... 〔21〕
一輪の花があってね…彼女がぼくを手なずけたと思うんだ…。
［王子さまがキツネに言います］

Je les ai aperçus *il y a* des années. 〔18〕
彼らを見たことがあるわ。何年も前に。［砂漠の一輪の花が言います。il y a＋時の表現で「〜前」の意味になります］

☆ Il est は il y a より文語的な表現です。
Il n'était point d'espoir de paix. 〔13〕
平穏が得られる見込みはなかった。［王子さまに邪魔をされたビジネスマンが考えます。était は être の直説法半過去です（p.145 で学びます）］

4) 慣用的表現（意味上の主語があとに置かれるものです）
Il reste（残る），Il arrive（起こる），Il importe（重要である），Il semble（〜のように見える），Il paraît（〜らしい），Il vaut mieux（〜するほうがよい），Il se passe（起こっている），など。

Il reste encore dix minutes. まだ10分ある。

Il vaut mieux partir tout de suite. すぐに出発したほうがよい。

Mais voilà qu'*il se passe* quelque chose d'extraordinaire. 〔27〕 けれどもたいへんなことが起こっているのだ。［語り手のセリフです。quelque chose d'extraordinaire が意味上の主語です］

サン゠テグジュペリの言葉 ③

それは、いわば、あの人々ひとりひとりのなかの虐殺されたモーツァルトなのだ。

C'est un peu, dans chacun de ces hommes, Mozart assassiné.

『人間の土地』の末尾で、サン゠テグジュペリはひとりの「モーツァルト」について語ります。1934年4月、彼はソビエト連邦へと向かう夜汽車のなかで、母国へ帰るポーランドの鉱夫たちと出会います。その一組の夫婦の間に眠る子どもの姿を認めた彼は、これこそ少年時代のモーツァルトだと思うのです。

「私は、そのつややかな額、その愛らしく柔らかい口をのぞきこんだ。そして思った。これこそ音楽家の顔だ、これこそ少年モーツァルトだ、これこそ生命の美しい約束だ、と。伝説のなかの小さな王子さまたちもこの子どもとなんら変わりはなかったのだ」

しかし、バラの貴重な新種を大切に育てるように、この少年モーツァルトをいつくしんで育てる庭師はその当時はいなかったのです。彼は腐れ果ててしまうでしょう。彼の運命は決まっているのです。そのモーツァルトも、いずれはそこなわれ、ただの土の塊になるでしょう。人類がこうして、侵害され傷つけられています。そして、サン゠テグジュペリは「私を苦しめるもの（……）それは、いわば、あの人々ひとりひとりのなかの虐殺されたモーツァルトなのだ」と言うのです。

この「少年モーツァルト」のなかに、のちに描かれる『星の王子さま』の主人公の姿を見てとることができるでしょう。

ユニテ26　ひと目で見わたせるだろうな…
―― 直説法単純未来・前未来

J'apercevrai d'un coup toute la planète et tous les hommes....
星の全体と人間たちのすべてがひと目で見わたせるだろうな…。(第19章)

　地球に着いてヘビと出会ったあと，2つの短い章において，王子さまの人間たちを探し求める旅が続きます。王子さまは高い山の頂きに登ります。

「こんなに高い山なんだから，星の全体と人間たちのすべてがひと目で見わたせるだろうな…。(D'une montagne haute comme celle-ci, j'apercevrai d'un coup toute la planète et tous les hommes ...)」

　けれども，そこから見えたのは，岩山の鋭くとがった峰だけでした。呼びかけてもこだまが返ってくるばかりです。王子さまは落胆して，こう思うのです。「なんておかしな星なんだ！ すっかり干からびて，ひどくとげとげしくって，ぴりぴり塩からい。おまけに人間たちには想像力が欠けている。人の言ったことをくり返すばかりだ」

　apercevrai は動詞 apercevoir の直説法単純未来形です。英訳では I'll get a view of the whole planet and all the people on it... ですが，フランス語の未来形は，will, shallといった助動詞を使わずに，動詞そのものを活用させて未来を表します。単純未来形の語尾は一定していて，これは avoir の活用に基づいて作られています。ただ，語幹のほうは動詞によって異なります。なかには，être (je serai) や aller (j'irai) などのように，不定詞とはずいぶん形の異なる語幹もあるので注意が必要です。

§39 直説法単純未来

(A) 直説法単純未来の形態

1) 語尾は《-rai, -ras, -ra, -rons, -rez, -ront》となり，すべての動詞に共通です。この語尾は avoir の直説法現在の活用に r をつけたものとほぼ同じです。

aimer	
j'aime**rai**	nous aime**rons**
tu aime**ras**	vous aime**rez**
il aime**ra**	ils aime**ront**

2) 語幹は，一般に不定詞から作ります。
   aimer → j'aimerai   finir → je finirai
   ただし，第1群規則動詞の変則活用（p.116で学びます）をするものは，直説法現在1人称単数から作ります。
   acheter → j'achète → j'achèterai
   appeler → j'appelle → j'appellerai

3) 特殊な語幹を持つ動詞には次のものがあります。不定詞とはかなり違った形をとるので注意しましょう。

   être : je serai   avoir : j'aurai
   aller : j'irai   venir : je viendrai
   devoir : je devrai   pouvoir : je pourrai
   savoir : je saurai   vouloir : je voudrai
   faire : je ferai   prendre : je prendrai
   mourir : je mourrai   voir : je verrai
   envoyer : j'enverrai   falloir : il faudra

(B) 直説法単純未来の用法

1) 未来の行為・状態を表わします。

> Je ne te *quitterai* pas. 〔26〕
> 僕は君から離れないよ。[パイロットが王子さまに3回くり返して言います]

> J'*aurai* l'air d'avoir mal... j'*aurai* un peu l'air de mourir. 〔26〕
> ぼくは具合が悪くなったように見えるかもしれない…少し死んだみたいになるかもしれない。[王子さまが言います]

☆＜Si＋直説法現在，直説法単純未来＞の構文で，未来の仮定を表します。

> Si tu m'apprivoises, nous *aurons* besoin l'un de l'autre. Tu *seras* pour moi unique au monde. Je *serai* pour toi unique au monde ... 〔21〕
> もし君がおれを手なずけてくれたら，おれたちはお互いが必要になるんだよ。君は，おれにとって，この世でただ1人の少年になるだろう。おれも，君にとって，この世でただ1匹のキツネになるだろう…。[キツネが王子さまに言います]

2) 2人称で依頼・命令を表わすことがあります。

> Vous me *téléphonerez* ce soir.
> 今晩，わたしに電話してください。

> Tu *reviendras* me dire adieu, et je te ferai cadeau d'un secret. 〔21〕
> ここに戻って来て，お別れのことばを言っておくれ。君に，贈り物として，ひとつの秘密を教えてあげよう。[キツネが王子さまに言います]

3) 現在の事実の推量を表わすことがあります。

> On sonne, ce *sera* M. Dupont.
> 呼び鈴が鳴っている。デュポンさんだよ。

§40 直説法前未来

直説法単純未来という単純時制に対応する複合時制が，直説法前未来です。

(A) 直説法前未来の形態：助動詞（avoir または être）の直説法単純未来＋過去分詞となります。

finir	partir
j'aurai fini	je serai parti(e)
tu auras fini	tu seras parti(e)
il aura fini	il sera parti
elle aura fini	elle sera partie
nous aurons fini	nous serons parti(e)s
vous aurez fini	vous serez parti(e)(s)
ils auront fini	ils seront partis
elles auront fini	elles seront parties

☆助動詞に être を取るのは，複合過去の場合と同様，場所の移動に関するいくつかの自動詞（aller, venir, partir, arriver, entrer, sortir etc. → p.89）に限られます。その際，過去分詞は主語に性数一致します。

(B) 直説法前未来の用法

未来のある時点までに完了している行為（未来完了）を表します。その未来の時点は，主節の単純未来形または時を表す状況補語で示されます。

J'aurai fini ce travail avant midi.
　正午までにはこの仕事を終えているだろう。

Alors ce sera merveilleux quand tu m'*auras apprivoisé*!
〔21〕
だから，君がおれを手なずけてくれれば，それはすばらしいものになるんだ！　〔キツネが王子さまに言います。〈ce（それ）〉とは，小麦畑を指します。動詞は sera が直説法単純未来，auras apprivoisé が直説法前未来です〕

Et ils te croiront fou. Je t'*aurai joué* un bien vilain tour ...
〔26〕
すると，彼らは君の気が触れたと思うかもしれない。そうなると，ぼくはきみにひどいいたずらをしかけたことになってしまうね…。〔王子さまがパイロットに言います。〈ils（彼ら）〉とは，パイロットの友人たちを指します。動詞は croiront が直説法単純未来，aurai joué が直説法前未来です〕

ユニテ㉖　ひと目で見わたせるだろうな…

LPP™

ユニテ27　ぼくの持っているのは…
──第1群規則動詞の変則形

Je ne possède qu'une rose ordinaire.
ぼくの持っているのは, ただのありふれたバラにすぎないんだ。(第20章)

　王子さまは, さらに歩き続けて, とうとう1本の道を見つけました。その道をたどって, バラの咲きこぼれる庭にたどり着きます。それを見て王子さまはとても悲しくなります。彼の花は, 自分が宇宙のなかでたったひとつのバラの花なのよ, と言っていました。それなのに, いまこの庭だけで5千本もの, そっくり同じバラが咲いているではありませんか。

　「ぼくの持っているのは, ただのありふれたバラにすぎないんだ (Je ne possède qu'une rose ordinaire.)。あの花と, 膝の高さまでの3つの火山, そのうちひとつはたぶん永久に休んだままだろうし, それだけでは, ぼくはりっぱな王子さまにはなれやしない」

　王子さまは, 地球に降り立ってから, ヘビ, 花, こだまと出会って, 次第に孤独を深めてきましたが, ついに5千本のバラを前にして泣き伏してしまうのです。そして, このように王子さまが失意の底に達したまさにそのとき, 次の21章において, キツネと出会うことになるでしょう。
　第1群規則動詞はすでに学びましたが, これには発音の関係で綴りが少し変則になるものがあります。posséder「所有する」は, 規則通りに活用すると je posséde ですが, 少し変則になって je possède となるのです。

§41 第1群規則動詞の変則形

第1群規則動詞（→ p.18）のなかには，音の統一性を保つため，綴り字が変則になるものがあります。

(A) nous に変則的活用が見られるもの

1) -ger で終わるものは，nous -geons となり，「ジュ」の音を保つために -e を挿入します。
   manger 食べる → nous mangeons（× mangons）

2) -cer で終わるものは，nous -çons となり，「ス」の音を保つために -c を -ç に変えます。
   commencer 始める → nous commençons（× commencons）

(B) je, tu, il, ils に変則的活用が見られるもの

1) acheter 型では，-e- を「エ」と読ませるため，-è- と綴ります。　mener 連れて行く など
2) appeler 型では，-e- を「エ」と読ませるため，そのあとの子音を重ねます。　jeter 投げる など
3) préférer 型では，-é- を開いた「エ」と読ませるため，-è- と綴ります。　espérer 希望する など

acheter 買う	**appeler** 呼ぶ	**préférer** 好む
j'achète	j'appelle	je préfère
tu achètes	tu appelles	tu préfères
il achète	il appelle	il préfère
nous achetons	nous appelons	nous préférons
vous achetez	vous appelez	vous préférez
ils achètent	ils appellent	ils préfèrent

Maman *achète* du pain chez le boulanger.
　ママはパン屋でパンを買う。

Il *l'appelle* par exemple :《l'astéroïde 325》.〔4〕
彼はそれをたとえば「小惑星325」と呼ぶ。[l'(la) は前出の planète（惑星）を指しています]

Quels sont les jeux qu'il préfère ?〔4〕
彼の好きな遊びは何だい？　[おとなが子どもにたずねます]

§42　疑問代名詞（2）

2つ以上の人やもののなかから「どれ？」とたずねるときには lequel 型の疑問代名詞を用います。なお、『星の王子さま』のなかでは、この疑問代名詞は使われていません。

	男性単数	女性単数	男性複数	女性複数
主格・直接目的格	lequel	laquelle	lesquels	lesquelles
à がある場合	auquel	à laquelle	auxquels	auxquelles
de がある場合	duquel	de laquelle	desquels	desquelles

a）　性数に応じて異なった形をとるのが、疑問代名詞 qui や que（→ p.75）と違う点です。

b）　quel（→ p.37）の前に定冠詞がついたものなので、前置詞の à や de が前に置かれると縮約が起こります。

1）　主格の場合

Laquelle de ces étudiantes va nous accompagner ?
これらの女子学生たちのうち誰が私たちと一緒に来るのですか。

Lesquelles de ces étudiantes vont nous accompagner ?
これらの女子学生たちのうち誰と誰が私たちと一緒に来るのですか。

2） 直接目的格の場合
　　Voilà des robes. *Laquelle* préférez-vous ?
　　　ドレスが何着かあります。どれがお好みですか。

3） 間接目的格の場合
　　A laquelle de vos filles avez-vous donné cette poupée ?
　　　あなたの娘さんたちの誰に，その人形をあげたのですか。

4） その他の場合
　　Sur lequel de ces sujets allez-vous parler ?
　　　それらの主題のどれについて話すつもりですか。

§43　関係代名詞（2）：前置詞を伴うもの

　前置詞を伴う関係代名詞には，次のものがあります。ただし，前置詞が de のときは一般に関係代名詞 dont（→p.95）を用います。

```
先行詞が「人」のとき　：前置詞　＋　qui
　　　　「こと」のとき：前置詞　＋　quoi
　　　　「もの」のとき：前置詞　＋　lequel 型
```

1） 先行詞が「人」：前置詞＋qui
　C'est un médecin *sur qui* nous comptons.
　　それは私たちが頼りにしている医者です。［先行詞はmédecin］

　J'ai ainsi vécu seul, sans personne *avec qui* parler véritablement.〔2〕
　　こんなふうに，ほんとうに心を許して話し合える友人もなく，僕は孤独に生きてきた。［先行詞は personne です。関係代名詞 qui のあとは，主語が省略されて，動詞が不定詞のまま置かれています］

2) 先行詞が「こと」：前置詞＋quoi
C'est justement ce *à quoi* j'ai pensé.
　それこそまさに僕が考えたことだ。［先行詞は ce］

3) 先行詞が「もの」：前置詞＋lequel 型の関係代名詞
（前節で学んだ疑問代名詞と同じ形です）。

En dehors des grosses planètes comme la Terre, Jupiter, Mars, Vénus, *auxquelles* on a donné des noms, il y en a des centaines d'autres.〔4〕
　地球，木星，火星，金星など名前のついた大きな惑星のほかに，何百という星がある。［先行詞は planètes です］

On les distingue d'avec les rosiers *auxquels* ils ressemblent beaucoup quand ils sont très jeunes.〔*5〕
　バオバブはごく小さい間はバラにとてもよく似ているけれど，その区別がつくようになったら…。［目的語人称代名詞の les，そして２つの主語 ils はすべてバオバブを指しています。先行詞は rosiers です。］

LPP™

ユニテ28　おれは手なずけられていない
―― 受動態

Je ne suis pas apprivoisé.
おれは手なずけられていない。（第21章）

　第21章は，いよいよ王子さまがキツネと出会う場面です。
「こんにちわ」とあいさつをかわしたあと，王子さまは「こっちに来て，一緒に遊ぼうよ。ぼくは，とても悲しいんだ…」と誘います。それに対して，キツネが答えます。

「君とは遊べないんだ。おれは手なずけられていないから。
（Je ne puis pas jouer avec toi. Je ne suis pas apprivoisé.）」

　第21章だけで apprivoiser「飼いならす・手なずける」は15回も使われていますが，まず初めに受動態で現れます。この apprivoiser の原義は，個人の，占有の，プライベートなもの（privé）にするということです。まだ誰のものでもないキツネですが，apprivoiser されると，その相手とのあいだに個別の親密な関係ができあがることになります。apprivoiser は他動詞ですから，一方から他方へのはたらきかけが前提とされます。ここでは，キツネのほうから，王子さまに自分を apprivoiser してくれるように依頼するのです。しかも，その apprivoiser のやり方まで丁寧に教えます。王子さまがキツネを apprivoiser するのですが，しかしそれを実際に指導するのは apprivoiser される側のキツネなのです。これはキツネから王子さまへの巧みな秘技伝授といえるでしょう。

　引用部分は英訳では I'm not tamed. となっていますが，フランス語の受動態は英語と似ていて，＜être＋過去分詞＞の形で表されます。このあとに動作主補語が par～ によって示されますが，上の文例 Je ne suis pas apprivoisé のように省略されることもあります。

§44 受動態

(A) 受動態の形態

主語＋他動詞＋直接目的語という能動態の文章を受動態に変えるには，次のようにします。

> Paul invite Anne.　ポールはアンヌを招待する。
>
> Anne *est invitée par* Paul.　アンヌはポールに招待される。

☆もとの文章の直接目的語が主語となります。動詞はêtre＋過去分詞になり，過去分詞は主語に性数一致します（ここでは，女性単数のAnne に一致して -e をつけています）。さらに，前置詞 par（ときには de）に導かれて，もとの文章の主語が動作主となって続きます。

継続的な状態の場合は，前置詞 par に代わって de が用いられます。

Le petit prince est aimé *de* tout le monde.
　王子さまはみんなに愛されている。

☆注意
　a) フランス語では，英語に比べると受動態はあまり使われません。そのため，受動態に代わって，on を主語にした表現や，代名動詞（p.125で学びます）の受動的用法が用いられます。
　b) フランス語では，英語と違って，能動態の間接目的語は受動態の主語になれません。たとえば，Antoine donne une fleur à Marie.（アントワーヌはマリーに花をあげる）の場合，Marie を主語にして受動態にすることはできません。

(B) 受動態の時制

受動態の時制は，＜être＋過去分詞＞の être によって示されます。

1) 現在形

Ma fleur *est menacée* de disparition prochaine ? 〔15〕
ぼくの花が，近いうちに消えてなくなるおそれがあるの？
［王子さまが地理学者に言います。être menacé de ~ は，直訳すれば，＜～によっておびやかされている＞となります］

2) 複合過去形

＜avoir の現在形＋été（être の過去分詞）＋過去分詞＞で表されます。

Cet astéroïde n'*a été aperçu* qu'une fois au télescope, en 1909, par un astronome turc. 〔4〕
この小惑星は，ただ一度だけ，1909年に，望遠鏡をのぞいていたトルコの天文学者によって観察された。

Quand j'ai dessiné les baobabs j'*ai été animé* par le sentiment de l'urgence. 〔5〕
このバオバブを描いたときには，僕はぐずぐずしていられないという気持ちでいっぱいだったんだ。

3) 単純未来形

＜être の単純未来形＋過去分詞＞で表されます

Quand tu *seras consolé* tu seras content de m'avoir connu. 〔26〕
きみが慰めを得るとき，ぼくと知り合ったことをうれしく思うだろう。［王子さまがパイロットに言います］

(C) その他の受動表現

1） 代名動詞の受動的用法（p.128で学びます）
2） se faire＋不定詞，se laisser＋不定詞
 （faire, laisser については→pp.85-86）

 Je vais *me faire couper* les cheveux chez le coiffeur.
 床屋で髪を切ってもらいます。

 On risque de pleurer un peu si l'on *s'est laissé apprivoiser* ... 〔25〕
 手なずけられてしまったら，少し泣きたくなるものなんだ…。
 ［語り手のことばです］

3） on を主語とする文型（on については→p.184）
 On m'a volé mon sac.　　かばんを盗まれた。
 　　　　　　　　　　　　　［誰かが私のかばんを盗んだ］

LPP™

ユニテ29　みんな似たり寄ったりだ
—— 代名動詞

Toutes les poules se ressemblent...
ニワトリはどれも似たり寄ったりだ…。(第21章)

　王子さまとキツネの会話が続きます。王子さまが「どういう意味なの，＜手なずける＞って？」とたずねると，キツネは「いまではすっかり忘れられていることだけどね。それは＜絆を作る…＞って意味さ」と答えます。そして，さらに絆を作ることがどういうことなのか，具体的に説明するのです。

　「君は，おれにとって，まだ10万人もの少年とまるで変わりのない少年にすぎない。おれは君が必要じゃないし，君もまたおれが必要じゃない…だがね，もし君がおれを手なずけてくれたら，おれたちはお互いが必要になるんだよ」

　さらにキツネは説明を続けます。人間たちがキツネを追いかけ，キツネがニワトリを追いかける…その変化のない生活に自分はちょっと退屈している。だからこそ，いま君に手なずけてほしいんだ…とキツネは言うのです。

　「ニワトリはどれも似たり寄ったりだし，人間たちもみんな似たり寄ったりだ（Toutes les poules se ressemblent, et tous les hommes se ressemblent.）だけど，もし君がおれを手なずけてくれたら，おれの生活は陽に照らされたようになるだろう」

　英訳では All chickens are just alike, and all men are just alike と，be 動詞＋形容詞の形ですが，フランス語では se ressembler という代名動詞が使われています。このように主語と同じものを表す再帰代名詞が動詞の前に置かれたものが代名動詞です。4つの用法がありますが，ここで使われているのは主語が複数形の相互的用法（たがいに～しあう）です。se ressembler で「たがいに似ている」の意味になります。

§45 代名動詞

　主語と動詞の間に，主語と同じ人称・数の目的語人称代名詞を持つものがあります。この代名詞を再帰代名詞，動詞を代名動詞と呼びます。代名動詞を辞書で引くときは，まず se のついていない不定形の形で探して，次に se ~ のところを見ます。

> 代名動詞＝再帰代名詞＋動詞

(A) 代名動詞の直説法現在の活用

　se lever ＝自分を起こす　→　起きる
　se laver les mains ＝自分において手を洗う　→　（自分の）手を洗う

se lever　起きる	**se laver les mains**　手を洗う
je　me　lève	je　me　lave　les mains
tu　te　lèves	tu　te　laves　les mains
il　se　lève	il　se　lave　les mains
nous nous levons	nous nous lavons les mains
vous vous levez	vous vous lavez　les mains
ils　se　lèvent	ils　se　lavent les mains

☆leverの活用はacheter型（→ p.116）です

1）　代名動詞の否定形
　　再帰代名詞と動詞（活用形）を ne ... pas ではさみます。
　　Je *ne* me lève *pas*.
　　Nous *ne* nous levons *pas*.

2）　代名動詞の倒置疑問形
　　＜再帰代名詞＋動詞＞の語順は変えずに，主語のみトレ・デュニオンでうしろにつなぎます。
　　Te lèves-*tu*?　　Vous levez-*vous*?

3） 代名動詞の否定疑問（倒置）

＜再帰代名詞＋動詞－主語＞を ne ... pas ではさみます。

Ne se lève-t-il *pas*?　　*Ne* se lèvent-ils *pas*?

以上，いずれの場合も，再帰代名詞は動詞の直前に置かれます。

(B)　代名動詞の命令形

1）　肯定命令

☆肯定命令では再帰代名詞をうしろに置いて，トレ・デュニオンでつなぎます。2人称単数では toi を用います。

se lever	se laver les mains
Lève-toi.	Lave-toi les mains.
Levons-nous.	Lavons-nous les mains.
Levez-vous.	Lavez-vous les mains.

2）　否定命令

平叙文と同じように，再帰代名詞は動詞の直前に置きます。

se lever	se laver les mains
Ne te lève pas.	Ne te lave pas les mains.
Ne nous levons pas.	Ne nous lavons pas les mains.
Ne vous levez pas.	Ne vous lavez pas les mains.

(C)　代名動詞の直説法複合過去

助動詞には être を用います。再帰代名詞が直接目的のとき，過去分詞はそれに性数一致します（間接目的のときには性数一致しません。たとえば，se laver les mains では，les mains

が直接目的で，再帰代名詞 se は間接目的です）。

se lever			se laver les mains		
je	me suis	levé(e)	je	me suis	lavé les mains
tu	t'es	levé(e)	tu	t'es	lavé les mains
il	s'est	levé	il	s'est	lavé les mains
elle	s'est	levée	elle	s'est	lavé les mains
nous	nous sommes	levé(e)s	nous	nous sommes	lavé les mains
vous	vous êtes	levé(e)(s)	vous	vous êtes	lavé les mains
ils	se sont	levés	ils	se sont	lavé les mains
elles	se sont	levées	elles	se sont	lavé les mains

§46 代名動詞の用法

(A) 再帰的用法

動作の対象が自分自身の場合です。

1) 再帰代名詞が直接目的の場合：「自分を～する」

   Ma grand-mère *se couche* à onze heures et *se lève* à six heures.

   わたしのおばあちゃんは，11時に寝て，6時に起きるの。

   Quand il est midi aux États-Unis, le soleil *se couche* sur la France. ［6］

   アメリカ合衆国が正午のとき，フランスでは太陽が沈んでいく。［語り手のことばです（→p.46）。se coucher は比喩的に，太陽・月・星が「沈む」の意味で使われます］

2) 再帰代名詞が間接目的の場合：「自分において～する」

   Tu *te brosses* les dents après le repas?

   君は食後に歯を磨くかい。［te が間接目的，les dents が直接目的です］

(B) 相互的用法

主語は必ず複数形になります。

1) 再帰代名詞が直接目的の場合

Ils *se regardent* l'un l'autre.　彼らはおたがいに見つめ合う。

2) 再帰代名詞が間接目的の場合

Elles *s'écrivent* l'une à l'autre.
彼女たちはおたがいに手紙を書く。

(C) 受動的用法

主語は「もの」です。再帰代名詞は直接目的として扱われます。

Ce qui est important, ça ne *se voit* pas .... 〔26〕
大事なもの，それは目では見えないんだ…。　［王子さまがパイロットに言います］

Si tu aimes une fleur qui *se trouve* dans une étoile, c'est doux, la nuit, de regarder le ciel. 〔26〕
もしきみがある星に咲いている一輪の花が好きになったら，夜，空を眺めるのが楽しくなるだろう。　［前文に続く，王子さまのセリフです］

(D) 本質的代名動詞

熟語的表現です。再帰代名詞は直接目的として扱われます。次のようなものがあります。

s'apercevoir de （~に気づく），s'en aller （立ち去る）
se moquer de （~をばかにする），se souvenir de （~を思い出す），se taire （黙る） etc.

Le premier soir je *me suis* donc *endormi* sur le sable. 〔2〕
最初の夜，砂の上で，僕は眠りに落ちた。

Il y a six ans déjà que mon ami *s'en est allé* avec son mouton. 〔4〕
僕の友だちがヒツジと一緒に去ってから，もう6年になる。

Tu as décidé de partir. *Va-t'en*. 〔9〕
あなたは旅立つと決めたんでしょう。さあ行ってちょうだい。［バラの花が王子さまに言います。Va-t'en は，Tu t'en vas の命令形です］

Je *m'ennuie* donc un peu. 〔21〕
それで，おれはちょっと退屈しているのさ。［キツネが王子さまに言います］

ユニテ㉙ 代名動詞

ユニテ30　水をやったのはそのバラなんだ
——強調構文

C'est elle que j'ai arrosée.
ぼくが水をやったのは，そのバラなんだ。(第21章)

　こうして王子さまはキツネを手なずけることになります。これは同時にまたキツネから王子さまへの手ほどきでもあるのですが，この実践的学習が終わるとすぐに別れのときが近づいてきます。

　キツネの教えを受けた王子さまは，その助言に従って，もう一度5千本のバラの花を見に行きます。そこで，ちょっとした演説をぶつのです。「きみたちは，少しもぼくのバラに似ていない」と語りはじめて，まず，自分のバラが5千本のバラとは違うことを宣言します。「だれもきみたちを手なずけていないし，きみたちだってだれも手なずけていない」

　そして，最後にこう述べるのです。

「でも，ぼくのバラはたった一輪のバラなのに，ただそれだけで，きみたちみんなよりも大事なんだ。なぜって，ぼくが水をやったのは，そのバラなんだから。(c'est elle que j'ai arrosée) ぼくがガラスの覆いをかぶせてやったのは，そのバラなんだから。(c'est elle que j'ai mise sous globe) ぼくが衝立で守ってやったのは，そのバラなんだから。(c'est elle que j'ai abritée par le paravent)」

　強調構文が続きます。強調されているのは elle すなわち「ぼくのバラ (ma rose)」です。このように強調構文では，強調したい語を c'est ... que ではさみます。(主語を強調したいときは，c'est ... qui ではさみます)

　なおここでは，過去分詞の arrosée, mise, abritée は直接目的語の elle に性数一致して単数女性の -e がついています。

§47　強調構文

主語の強調	C'est ... qui
主語以外の強調	C'est ... que

(A)　人称代名詞以外の強調

Marie a montré cette photo à Monique hier.
マリーはきのうその写真をモニックに見せた。

この文章をもとにして，以下に強調構文を作ってみましょう。

1)　主語の強調

C'est *Marie* qui a montré cette photo à Monique hier.
きのうその写真をモニックに見せたのはマリーです。

C'est *le temps que tu as perdu pour ta rose* qui fait ta rose si importante. 〔21〕
君がバラのために費やした時間のおかげで，君のバラはとても大事なものになったんだよ。　［キツネが王子さまに言います］

C'est *l'image d'une rose* qui rayonne en lui comme la flamme d'une lampe. 〔24〕
一輪のバラのイメージが彼のなかにあって，ランプの炎のように光を放っている。［語り手が王子さまについて言います］

2)　直接目的語の強調

C'est *cette photo* que Marie a montrée à Monique hier.
きのうマリーがモニックに見せたのはその写真です。

［直接目的語 cette photo が過去分詞 montré の前に置かれるので，過去分詞は直接目的語に性数一致します。ここでは，女性の -e がついて，montrée となります。］

3)　間接目的語の強調

C'est *à Monique* que Marie a montré cette photo hier.

きのうマリーがその写真を見せたのはモニックにです。

4）状況補語の強調
C'est *hier* que Marie a montré cette photo à Monique.
マリーがその写真をモニックに見せたのはきのうです。

C'est *alors* qu'apparut le renard. 〔21〕
そのときだった，キツネが現れたのは。〔動詞 apparut は，apparaître の直説法単純過去（p.179で学びます）です。なお，ここでは主語と動詞が倒置しています〕

C'est *ici* que le petit prince a apparu sur terre, puis disparu. 〔あとがき〕
ここだよ，王子さまが地上に姿を現して，そして消えてしまったのは。

(B) 人称代名詞の強調

人称代名詞を強調するときには，強勢形が用いられます。
Je vous le présenterai. あなたに彼を紹介しましょう。

この文章の各要素をそれぞれ強調してみましょう。

1）主語の強調
C'est *moi* qui vous le présenterai.
あなたに彼を紹介するのはわたしです。

2）直接目的語の強調
C'est *lui* que je vous présenterai
わたしがあなたに紹介するのは彼です。

3）間接目的語の強調
C'est *à vous* que je le présenterai.
わたしが彼を紹介するのはあなたにです。

〔もとの間接目的語人称代名詞の vous には à が含まれていますので，強勢形の vous に変えるときには à が必要になります。〕

サン=テグジュペリの言葉 ④

ぼくは苦しくないよ。痛くもないんだ。
Je ne souffre pas. Je n'ai pas mal.

　1939年に第2次世界大戦が勃発し，サン=テグジュペリは偵察飛行隊に従軍しますが，翌40年フランスがナチス・ドイツに降伏すると動員解除を受けます。同年末，アメリカの出版社から招きを受けた彼は，リスボンから乗船してアメリカに亡命することになります。

　しかし，英語が得意でなく，しかもアメリカ嫌いの彼にとっては，ニューヨークでの生活は不満の多いものでした。祖国フランスへの思いは募るばかりで，一日も早く戦線に復帰し，祖国のために戦うことを希求するようになります。

　そのアメリカ滞在中の1942年，戦争小説『戦う操縦士（*Pilote de guerre*）』を発表します。この作品のなかで，アラス上空偵察飛行中に，みずからの死を身近に感じながら，サン=テグジュペリは15歳で死んだ2歳年下の弟を想起しています。彼は死の間際の弟の言葉を思い出すのです。

　「死ぬまえに兄さんと話しがしたかったんだ。ぼくはもう死ぬんだから。（……）こわがらないで……ぼくは苦しくないよ。痛くもないんだ」

　この若くして亡くなった弟フランソワの言葉に，王子さまの言葉が響き合うように思われます。王子さまもまた，語り手のパイロットをなぐさめようとして言うのです。

　「ぼくは死んだようになってしまうけれど，でもそれはほんとうじゃない…」

ユニテ31　もしそれを取り上げたら
——目的語人称代名詞（2）

Si on la leur enlève, ils pleurent ... 〔22〕

もしそれを取り上げたら，子どもたちは泣き出してしまうだろうな…。（第22章）

キツネは王子さまに3つの教訓をあたえました。

第1は，たいせつなものは目に見えないということ，第2は，たいせつなもののために時間を費やすことであり，第3は，自分が手なずけたたいせつなもの，自分にとって世界でただ一つのもの，それに対して責任を負わなければならない，ということです。この最後の責任の教えは，ずいぶんと峻厳なものでもあります。ときには，自分の命をかけて責任を負うことも求められるからです。

キツネと別れたあと，王子さまが出会うのは転轍手です。彼は，自分が何を探しているのかもわからずにあわただしく電車に乗って往来するおとなたちを批判します。それを聞いて，王子さまはこのように言います。

「子どもたちだけが，自分が何を探しているのか知っているんだね。彼らはボロ布人形のために時間を費やしている。そのため人形はとても大事なものになって，もしそれを取り上げたら，子どもたちは泣き出してしまうだろうな…。
(Les enfants seuls savent ce qu'ils cherchent. Ils perdent du temps pour une poupée de chiffons, et elle devient très importante, et si on *la leur* enlève, ils pleurent ...)」

ここでは，la, leur はそれぞれ既出の単語，une poupée（人形）と les enfants（子どもたち）を受けています。書き換えると，si on enlève la poupée aux enfants となります。

このように目的を表す人称代名詞が2つ並んで使われるときには，語順が決まっています。次に詳しく説明しましょう。

§48 目的語人称代名詞 （２）

人称代名詞の３人称直接目的語 le, la, les は，他の間接目的語とともに用いることができます。

(A) 一般の語順（肯定命令文を除く）

１） ３人称の直接目的語（le, la, les）を，１・２人称の間接目的語（me, te, nous, vous）とともに用いるときは，１・２人称が前に置かれます。

$$\{me, te, nous, vous\} \quad + \quad \{le, la, les\}$$

Je *te* donnerai *ce disque*. 君にこのレコードをあげるよ
　→ Je *te le* donnerai. 君にこれをあげるよ。

Ne *me* dis pas *ces bêtises*. わたしにそんなばかなことを言わないで。
　→ Ne *me les* dis pas. わたしにそんなことを言わないで。

２） ３人称の直接目的語（le, la, les）を，３人称の間接目的語（lui, leur）とともに用いるときは，直接目的語が前に置かれます。

$$\{le, la, les\} \quad + \quad \{lui, leur\}$$

Je vais *lui* présenter *ces cartes*.
　わたしは彼にそれらの絵葉書を見せるつもりだ。
　→ Je vais *les lui* présenter.
　わたしは彼にそれらを見せるつもりだ。

Ne passez pas *cette clef aux enfants*.
　この鍵を子供たちに渡さないで下さい。
　→ Ne *la leur* passez pas.

それを彼らに渡さないで下さい。

以上をまとめて図示すると，次のようになります。

$$\text{主語} + (\text{ne}) + \begin{Bmatrix} \text{me} \\ \text{te} \\ \text{nous} \\ \text{vous} \end{Bmatrix} \begin{Bmatrix} \text{le} \\ \text{la} \\ \text{les} \end{Bmatrix} \begin{Bmatrix} \text{lui} \\ \text{leur} \end{Bmatrix} + \text{動詞} + (\text{pas})$$

[間接]（1，2人称）　[直接]　[間接]（3人称）

(B)　肯定命令文の語順

つねに［動詞−直接目的語−間接目的語］の語順になります。

Dessine-*moi un mouton*.　僕にヒツジの絵を描いて。
　→　Dessine-*le-moi*.　僕にそれを描いて。

Achetons *ce livre à Antoine*.　アントワーヌにこの本を買いましょう。
　→　Achetons-*le-lui*.　彼にそれを買いましょう。

ユニテ32 なんでも自分の好きなことをするのさ
―― 中性代名詞

- On en fait ce que l'on veut....
- なんでも自分の好きなことをするのさ。(第23章)

　王子さまが次に出会ったのは,のどの渇きをおさえる特効薬を売る商人でした。週に1錠,それを飲むともう水を飲みたいとは思わなくなって,週に53分が節約できると説明します。そこで王子さまが「その53分で何をするの？（Et que fait-on de ces cinquante-trois minutes?）」とたずねると,返ってきた答えは…。

　「なんでも自分の好きなことをするのさ。(On en fait ce que l'on veut ....)」
それに対して,王子さまはこう思うのです。

　「ぼくなら,自由に使える53分があれば静かに歩いて行くだろうな,泉に向かって…。」

　On en fait ... の en が中性代名詞と言われるもので,ここでは,その前の文章の de ces cinquante-trois minutes の代わりに用いられています。このように en は,一般的に＜de＋名詞または動詞＞に代わって用いられます。中性代名詞には,en のほかに y, le があります。

　この第23章で,王子さまが語り手に出会うまでの,後説法（カット・バック）による物語が終わります。語り手が砂漠に不時着してから,5日目までは明示されていて,第7章冒頭は「5日目になって…」と始まっていました。そこで「ヒツジと花の戦争」が主題となり,そのあと第8章から,この第23章まで,バラの花,王子さまの星からの脱出,6つの小惑星の訪問,地球到着とヘビ,キツネ,転轍手,商人との出会いまでが連続して語られます。

§49 中性代名詞：en, y, le

性数に関係しない中性代名詞と呼ばれる en, y, le があります。このうち en, y は，副詞的代名詞と呼ばれることもあります。

これらは，目的語人称代名詞と同じく，動詞（助動詞）の前に置きます（肯定命令文ではうしろに置き，トレ・デュニオンでつなぎます）。

(A) en

一般に de を含む語句を受けます。

1) 直接目的語に不定冠詞 des, 部分冠詞 du, de la (de l')，あるいは否定の de が先立つ場合，それに代わって en が用いられます。

   Avez-vous des frères ?　兄弟がいますか？
   — Oui, j'*en* ai. (j'ai des frères.)　はい，います。
   — Non, je n'*en* ai pas. (je n'ai pas de frères.)　いいえ，いません。

   À acheter d'autres étoiles, si quelqu'un *en* trouve. 〔13〕
   もしだれかが，ほかの星を見つけたときに，それを買うのに役立つのさ。［ビジネスマンが王子さまに答えます。中性代名詞 en は，d'autres étoiles に代わって用いられています］

2) 数詞を伴う語に代わって，en が用いられます。

   Combien de robes avez-vous ?
   — J'*en* ai trois. (J'ai trois robes.)
   何着ドレスを持っていますか。――3着です。

   Alors le géographe noterait deux montagnes là où il n'y *en* a qu'une seule. 〔*15〕　そうなると地理学者は，ひとつの山しかないところに，2つの山を記入してしまうことになる。［地理学者が王子さまに言います。en を使わずに書くと，il n'y a qu'une seule montagne となります。動詞 noterait は，noter の条件法現在形です（p.154で学びます）］

Les hommes ? Il *en* existe, je crois, six ou sept. 〔18〕
人間たちですって？　いるわよ。6，7人はいると思うわ。
［一輪の花が王子さまに答えます。en を使わずに書くと，Il existe, je crois, six ou sept hommes. となります］

3）　数量の概念を伴う語に代って，en が用いられます。
Est-ce que tu as beaucoup d'amis ?　— Oui, j'*en* ai beaucoup.
友だちたくさんいるの？――うん，たくさんいるよ。

4）　**en** が形容詞の補語を受ける場合
Est-ce que vous êtes contente de votre nouvelle maison?
— Oui, j'*en* suis très contente.
新しい家に満足してらっしゃいますか。
―ええ，とても満足しています。

Tu sais … ma fleur … j'*en* suis responsable! 〔26〕
ねえ…ぼくの花…ぼくはあの花に責任があるんだ！　［王子さまが去って行く直前のセリフです。en を使わないで書くと，je suis responsable de ma fleur となります］

5）　**en** が動詞の補語を受ける場合
Cette proposition, qu'*en* penses-tu?
この提案，どう思う？

C'étaient les graines de baobabs. Le sol de la planète *en* était infesté. 〔*5〕
それはバオバブの種だった。星の土壌には種がはびこってしまった。［en を使わずに書くと Le sol de la planète était infesté des graines de baobabs. となります。動詞 étaient, était はいずれも être の直説法半過去です（p.145で学びます）］

ユニテ ㉜ ── 中性代名詞

Mais oui, je t'aime, lui dit la fleur. Tu n'*en* as rien su, par ma faute. 〔9〕

ええ，そうよ，あなたが好きよ，と花は言った。あなたがそのことに少しも気づかなかったのは，あたしが悪かったの。

[バラの花が王子さまに言います。en を使わずに書くと，Tu n' as rien su de cela となり，cela が前文の内容を受けます]

6) **en** が場所を示す場合（副詞的代名詞）

Vous venez *de France* ? — Oui, j'*en* viens.
                    (je viens *de France*.)

フランスからいらっしゃったのですか。——ええ，そうです。

S'il s'agit par exemple de la découverte d'une grosse montagne, on exige qu'il *en* rapporte de grosses pierres. 〔15〕

たとえば，大きな山が発見されたとすると，そこから大きな石を持って帰るように要求するのじゃ。[地理学者が王子さまに言います。en は de cette grosse montagne に代わって用いられています]

(B) y

à＋＜もの，こと＞，または場所を示す状況補語を受けます。

1) y が間接目的語として用いられる場合
   (à＋＜もの，こと＞)

Vous avez répondu *à sa lettre* ?

彼の手紙に返事を書きましたか。

— Oui, j'*y* ai répondu. (j'ai répondu *à sa lettre*.)

はい，書きました。

Tu penses souvent *à ton avenir* ?

君はよく自分の将来のことを考えるかい。

— Oui, j'*y* pense toujours.
   (je pense toujours *à mon avenir*.)

うん，いつも考えているよ。

☆ à+＜もの・こと＞は y となりますが，à+＜人＞は目的語人称代名詞になります。ただし，penser, songer は à＋＜人＞のときに，à+強勢形代名詞になります。

Vous avez répondu *à votre sœur* ? — Oui, je *lui* ai répondu.
妹さんに返事を書きましたか。——はい，書きました。

Tu penses souvent *à ton frère* ? — Oui, je pense toujours *à lui*.
君はよく弟さんのことを考えるかい。——うん，いつも考えているよ。

2) y が場所を示す副詞的代名詞として用いられる場合（à, en, dans などに導かれる名詞に代わります）

Vous allez *à la gare* ? — Oui, j'*y* vais. (je vais *à la gare*.)
駅へ行きますか。—はい，行きます。

Les hommes de chez toi cultivent cinq mille roses dans un même jardin ... et ils n'*y* trouvent pas ce qu'ils cherchent .... 〔25〕
きみのところの人間たちって，ひとつの庭に，5千本ものバラを育てている…でも，そこに，自分の探しているものを見つけることはない…。[王子さまがパイロットに言います。y は，dans ce jardin に代わって用いられています]

Tu verras où commence ma trace dans le sable. Tu n'as qu'à m'*y* attendre. J'*y* serai cette nuit. 〔*26〕
砂の上のぼくの足跡がどこから始まっているのか，きみにはわかるだろう。そこでぼくを待っていてくれればいいんだよ。今夜，そこへ行くからね。 [王子さまがヘビに言います。2つの中性代名詞 y は，前文で示されている＜足跡の始まっている場所＞を指しています]

ユニテ㉜ 中性代名詞

(C)　le

le は，前文の意味を受けます（目的語人称代名詞の le と違って，性数に関係しません）。

1）　le が属詞の意味を受ける場合
Vous êtes étudiants ?　— Oui, nous *le* sommes. (nous sommes étudiants)
あなたがたは学生ですか。——はい，そうです。

2）　le が文・不定詞・過去分詞などの意味を受ける場合
Mais ça, il faudra me *le* pardonner.　〔4〕
でもその点については，大目に見てもらわなくてはならない。［パイロットが，読者に言い訳をする場面です。中性代名詞 le は，すぐ前の ça を受けています］

Il est contraire à l'étiquette de bâiller en présence d'un roi. Je te *l'*interdis.　〔11〕
国王の前であくびをするのは，礼儀に反することじゃ。あくびを禁ずる。　［王様が王子さまに言います。l' (le) は，前文の不定詞 de bâiller en présence d'un roi を受けます］

Est-ce qu'il y a des océans ?　— Je ne puis pas *le* savoir.
〔15〕
大きな海もあるのですか？　——わしにはわからんのだ。
［王子さまと地理学者のやりとりです。le は前文の意味内容を受けます］

サン=テグジュペリの言葉 5

君たちは4000万人の人質だ。
Vous êtes quarante millions d'otages.

　サン=テグジュペリは，自分の本を友人たちに献呈する習慣がありました。『夜間飛行』は主人公リヴィエールのモデルであったドーラに，『戦う操縦士』はアリアス少佐をはじめとするすべての戦友に，『人間の大地』はギヨメに，そして『星の王子さま』はレオン・ヴェルトに捧げられています。

　ヴェルトは，サン=テグジュペリより22歳年長のユダヤ系フランス人の友人でした。1935年に2人が知り合ったとき，ヴェルトはすでに60歳近かったのですが，サン=テグジュペリはこの革命思想の信奉者に親近感を抱くことになります。以後，2人は年齢や出自の違いを越えて深い友情で結ばれることになり，アメリカに亡命したサン=テグジュペリは，祖国に残って困難な状況を生きているレオン・ヴェルトに思いをはせるのです。

　『星の王子さま』を彼に献じたあと，サン=テグジュペリはさらに1943年6月，ヴェルトのために『ある人質への手紙（*Lettre à un otage*）』を書いています。ここで言う人質とは，ナチス・ドイツの占領下にある祖国フランスの人々であり，それは「4000万人の人質」なのです。

　「私がまた戦うとすれば，いくぶんかは君のために戦うことになるだろう。（……）私たち，海外にいるフランス人にとって，現在の戦争において重要とされているのは，ドイツ軍の存在という雪によって凍りついてしまった種子の貯えを解氷させることだ。君たち，かなたにいる君たちを救うことだ。君たちが根を張る基本的権利を持っている土地で，君たちを自由にすることだ。君たちは4000万人の人質だ」

ユニテ33　僕は古い屋敷に住んでいた
——直説法半過去

Lorsque j'étais petit garçon, j'habitais une maison ancienne.
子どものころ，僕は古い屋敷に住んでいた。(第24章)

　パイロットが砂漠に不時着してから8日目となり，物語はいよいよ大詰めに近づいてきました。飲み水が底をついて，語り手と王子さまは井戸を探すために砂漠を歩き始めます。何時間も黙ったまま歩いているうちに，日が暮れて星がまたたき，2人は腰をおろして，砂漠を見つめます。王子さまは，「砂漠が美しく見えるのは，どこかに井戸を隠しているからなんだ…」と言います。そこで，語り手は，砂が神秘の光を放っているそのわけがわかって，驚くのです。

　「子どものころ，僕は古い屋敷に住んでいた (Lorsque j'étais petit garçon, j'habitais une maison ancienne)。言い伝えによれば，そこには宝物が埋められているということだった」

　語り手はここで子ども時代のことを思い出します。彼が王子さまを理解するのは，つねに自分の子ども時代という回路を通してなのです。そしてまた，そこには作者サン=テグジュペリの子ども時代が投影されています。

　この部分，英訳では動詞が過去形になっていますが (When I was a little boy I lived in an old house.)，仏文では，過去の継続的状態や反復的行為を表す直説法半過去が使われています。すでに学んだ直説法複合過去が過去の一時的な行為，すなわち点で表すことのできる点的過去を示すのに対して，直説法半過去は継続的な状態，すなわち線で表すことのできる線的過去を示すという違いがあります。

§50　直説法半過去

　直説法の過去形には，すでに学んだ複合過去（→p.89）のほかに，半過去，大過去，単純過去，前過去があります。半過去と呼ばれているものは，フランス語では imparfait, すなわち未完了を意味し，過去のある時点において進行中の行為・状態を表します。

(A)　直説法半過去の形態

1)　語尾

　語尾は 《 -ais, -ais, -ait, -ions, -iez, -aient 》となり，すべての動詞に共通です。

	aimer	
j'aim**ais**		nous aim**ions**
tu aim**ais**		vous aim**iez**
il aim**ait**		ils aim**aient**

2)　語幹

　直説法現在1人称複数形から，語尾の -ons を取り除いたものです（être だけは例外で，語幹が ét- となります）。

```
aimer  →  nous aimons     →  j'aimais
finir   →  nous finissons  →  je finissais
faire   →  nous faisons    →  je faisais [f(ə)zɛ]
avoir   →  nous avons     →  j'avais
être                       →  j'étais  （例外）
```

☆3人称単数にしか活用しない非人称動詞の半過去は，次のようになります。

　　pleuvoir → il pleuvait　　falloir → il fallait

(B) 直説法半過去の用法

1) 過去における継続的行為・状態を表します。

   A Léon Werth quand il *était* petit garçon. 〔まえがき〕
   小さな少年だったころのレオン・ヴェルトに。

   Lorsque j'*avais* six ans j'ai vu, une fois, une magnifique image. 〔1〕
   6歳のとき，僕はすばらしい挿絵を一度見たことがある。［過去の継続的状態を示す半過去 avais と，過去の一時的行為を示す複合過去 ai vu が対比的に用いられています］

2) 過去における習慣・反復的行為を表します。

   Tous les soirs, il *allait* danser.   毎晩彼は踊りに行ったものだ。
   Mais toujours elle me *répondait* :《C'est un chapeau.》〔1〕
   でも，いつもおとなはこう答えたんだ。「これは帽子さ」
   ［elle は前文の grande personne を受けています］

3) 描写の半過去

   とくに物語において，ある行為の背景となっている状景や，人物の様子などを＜描写＞します。この半過去は『星の王子さま』でも多く用いられています。

   La cinquième planète *était* très curieuse. C'*était* la plus petite de toutes. Il y *avait* là juste assez de place pour loger un réverbère et un allumeur de réverbères. 〔14〕
   5番目の星はとても奇妙だった。それはすべての星のなかでいちばん小さかった。街灯と点灯夫のための場所が，かろうじてあるだけだった。

4) 過去における現在

   主節が過去時制のとき，従属節に直説法半過去が用いられて，主節と同時の行為・状態を表します。

   Je croyais qu'il *était* marié.   彼が結婚していると思っていた。

(cf. Je crois qu'il est marié.　彼が結婚していると思う)

Je voulais savoir si elle *était* vraiment compréhensive.〔1〕
その人がほんとうにものわかりの良い人なのか知りたかったんだ。
[elle は，前文のおとな grande personne を受けています]

(cf. Je veux savoir si elle est vraiment compréhensive.
　　その人がほんとうにものわかりの良い人なのか知りたいんだ)

Je savais bien qu'il ne *fallait* pas l'interroger.〔24〕
彼に質問すべきでないことはよくわかっていた。
[パイロットが，王子さまに対してこう考えます]

(cf. Je sais bien qu'il ne faut pas l'interroger.
　　彼に質問すべきでないことはよくわかっている)

5）　間接話法における半過去

　主節が過去時制のとき，直接話法を間接話法に変えると，＜時制の一致＞によって，従属節の現在が半過去に変わります。

Il m'a dit que sa mère *était* malade.
彼はお母さんが病気だと私に言った。

(cf. Il m'a dit : «Ma mère est malade.»
　　彼は「お母さんが病気だ」と私に言った。)

6）　過去における「近接過去」と「近接未来」

それぞれ venir, aller の直説法半過去を用いて表します。

Quand il m'a téléphoné, je *venais* de finir mes devoirs.
彼が電話をかけてきたとき，僕は宿題を終えたところだった。

Ce paravent? — J'*allais* le chercher mais vous me parliez!〔8〕
衝立はどうなったのかしら？　――取りに行こうと思っていたのに，あなたが話し続けたものだから！　[バラと王子さまのやりとりです]

7) 仮定を表す「si＋半過去」

　a) 条件法と共に用いられて，現在の事実に反する仮定を表します（p.155 で学びます）。

　b) 勧誘を表します。
　　Si nous allions au café ?
　　カフェへ行きませんか？　［直訳は＜もし私たちがカフェへ行ったら？＞という仮定表現で，丁寧な勧誘を表します］

　c) 「comme si＋半過去」で，「まるで〜のように」の意味を持ちます。
　　Mais, si le mouton mange la fleur, c'est pour lui *comme si*, brusquement, toutes les étoiles *s'éteignaient*!〔7〕
　　でも，もしヒツジが花を食べてしまったら，その人にとっては，突然すべての星の光が消えてしまうようなものだよ！
　　［王子さまがパイロットに言います］

　　Alors ce sera pour toi *comme si riaient* toutes les étoiles.〔26〕
　　そのとき君にとっては，星という星がみんな笑っているように見えるだろう。　［王子さまがパイロットに言います］

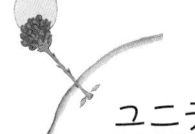

ユニテ34 そこから生まれた水なのだ
——直説法大過去

Elle était née de la marche sous les étoiles …
星空の下を歩いてやって来て…そこから生まれた水なのだ。(第25章)

　２人は歩き続けて，夜明けに井戸を見つけ出します。第25章は，パイロットが砂漠に不時着してから９日目となります。
　発見した井戸はサハラ砂漠でふつう見かける井戸ではなく，村の井戸に似ていました。語り手は夢を見ているのかと思い，ゆっくりと井戸の水を汲み上げて，王子さまに飲ませます。

「この水はただの飲み水ではなかった。星空の下を歩いてやって来て，滑車の歌を聴いて，僕が自分の腕で汲み上げて，そこから生まれた水なのだ。(Cette eau était bien autre chose qu'un aliment. Elle était née de la marche sous les étoiles, du chant de la poulie, de l'effort de mes bras.)」

　最初の動詞 était は être の直説法半過去です。次の était née は直説法大過去と呼ばれるもので，これは était née が était より時間的に前のことであることを示しています。すなわち２人が水を飲む時点において，水を汲み上げる行為はすでに完了しているのです。
　砂漠の不思議な井戸から汲みだされたこの水は，すでに霊的な性質をおびています。本来肉体的にはのどが渇くはずのない王子さまは，心の渇きをしずめるために水を飲みます。そしてパイロットはまさに肉体的に命を長らえるために水を飲みます。井戸の水を汲み上げて２人で飲むこの行為は，語り手と王子さまの友情の最終的な確認のための儀礼なのです。

§51 直説法大過去

直説法半過去（→p.145）という単純時制に対応する複合時制が，直説法大過去です。

(A) 形態

：助動詞（avoir または être）の直説法半過去＋過去分詞となります。

aimer	aller
j'avais aimé	j'étais allé(e)
tu avais aimé	tu étais allé(e)
il avait aimé	il était allé
elle avait aimé	elle était allée
nous avions aimé	nous étions allé(e)s
vous aviez aimé	vous étiez allé(e)(s)
ils avaient aimé	ils étaient allés
elles avaient aimé	elles étaient allées

☆助動詞に être を取るのは，場所の移動に関するいくつかの自動詞（aller, venir, partir, arriver, entrer, sortir etc. → p.89）と，代名動詞（→p.125）の場合です。その場合，過去分詞の性数一致が起こります。

(B) 用法

1) 過去における完了

過去のある時点（複合過去で表されることが多い）において，すでに完了している行為・状態を表します。

Quand je suis arrivé à la gare, le train *était parti*.
僕が駅に着いたとき，列車は出てしまっていた。

J'appris bien vite à mieux connaître cette fleur. Il y *avait* toujours *eu*, sur la planète du petit prince, des fleurs très simples. 〔8〕

たちまち僕は，王子さまの花のことをいっそうよく知るようになった。以前から，彼の星にはとても質素な花が咲いていた。
［第8章の冒頭です。第1文が単純過去（p.179で学びます）で始まったあと，第2文では，それ以前に完了したことを示す大過去が使われています。以後，このバラの花の章では大過去が多用されます］

J'avais bu. Je respirais bien. 〔25〕
僕は水を飲み終えた。生き返った心地だった。
［後に続く文章が半過去ですが，それ以前に完了した行為であることを示すために，大過去が使われています］

2） 過去における過去

主節が過去時制のとき，従属節に用いられて，主節にたいして先立つ行為・状態を表します。

Je pensais qu'elle *était partie* pour la France.
わたしは彼女がフランスへ出発したと思っていた。

(cf. Je pense qu'elle est partie pour la France.
わたしは彼女がフランスへ出発したと思う。)

3） 間接話法における大過去

主節が過去時制のとき，直接話法を間接話法に変えると，＜時制の一致＞により従属節の複合過去が大過去に変わります。

Elle m'a dit qu'elle *avait visité* Versailles.
彼女はヴェルサイユを訪れたと僕に言った。

(cf. Elle m'a dit : « J'ai visité Versailles.»
彼女はヴェルサイユを訪れたと僕に言った。)

ユニテ ㉞ 直説法大過去

4) 仮定を表す「si＋大過去」
　a) 条件法過去とともに用いられて，過去の事実に反する仮定を表します（p.158 で学びます）。
　b) 「まるで〜したかのように」の意味の「comme si＋大過去」

　　J'ai sauté sur mes pieds *comme si j'avais été frappé* par la foudre.〔2〕
　　　まるで雷に打たれたみたいに，僕は飛び起きた。[王子さまが出現する場面です。j'avais été frappé は，直説法大過去の受動態です]

　　Ce sera *comme si je t'avais donné*, au lieu d'étoiles, des tas de petits grelots qui savent rire ...〔26〕
　　　まるで，ぼくがきみに，星の代わりに，笑うことのできるたくさんの小さな鈴をあげたみたいになるだろうね…。[星に戻ろうとする王子さまがパイロットに言います]

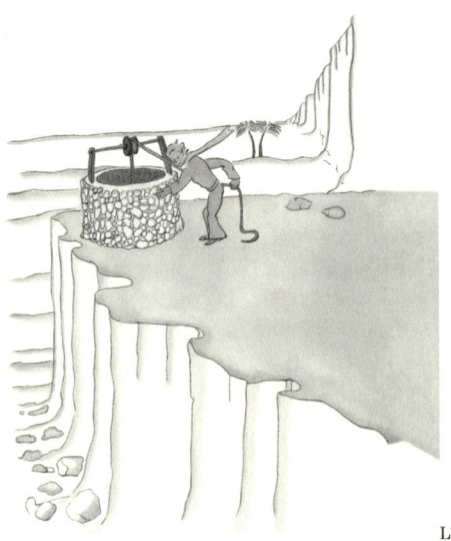

LPP™

ユニテ35　見つかるかもしれないんだ
――条件法

Ce qu'ils cherchent pourrait être trouvé dans une seule rose.
彼らが探してるものは，たった一輪のバラのなかに見つかるかもしれないんだよ…。(第25章)

　井戸から汲み上げた水を飲んだあと，王子さまは，人間たちがひとつの庭に5千本ものバラを育てていても，そこに自分の探しているものを見つけることはない，と語ります。そしてさらに，こう言いそえるのです。

　「ところが，彼らが探してるものは，たった一輪のバラや，わずかな水のなかに見つかるかもしれないんだよ。(Et cependant ce qu'ils cherchent pourrait être trouvé dans une seule rose ou un peu d'eau...) …でもね，目では見えないんだよ。心で探さなくっちゃね」

　pourrait は，動詞 pouvoir の条件法現在，3人称単数です。直説法単純未来の語幹 pourr- に半過去の語尾 -ait を加えると，条件法現在になります。直説法現在を用いて peut être trouvé... と言ってもいいのですが，条件法がここでは推測を表しています。英訳では And yet what they're looking for could be found in a single rose, or a little water... となっていて，やはり推測を表す could が用いられています。

　井戸の水を飲んだあと，王子さまは別れのときが近づいていることをほのめかします。ヒツジの口輪の絵を描く約束を果たしてくれるよう語り手に求めて，「ぼくはあの花に責任があるんだよ！」と言うのです。そこで語り手のほうは，王子さまの身にせまっている事態を予感して，とても心配になり，キツネのことばを思い出すのです。「手なずけられてしまったら，少し泣きたくなるものなんだ…。」

§46 条件法現在

これまでに学んだ直説法は，現実の行為・状態をありのままに述べる，つまり「直(じか)に説明する」叙法です。それに対して，事実の反対を仮定して語るときには，条件法を用います。

(A) 条件法現在の形態

aimer	
j'aime**rais**	nous aime**rions**
tu aime**rais**	vous aime**riez**
il aime**rait**	ils aime**raient**

1) 語尾は《 -rais, -rais, -rait, -rions, -riez, -raient 》となり，すべての動詞に共通です。これは半過去の語尾（→ p.145）の前に -r がついたかたちです。

2) 語幹は，直説法単純未来（→ p.111）と同じです。つまり条件法現在の語幹も原則的には不定詞と同じで，直説法単純未来で特殊な語幹を持つものは，その形態が条件法にそのまま受け継がれます。

acheter : j'achèterais　　appeler : j'appellerais
être : je serais　　　　　avoir : j'aurais
aller : j'irais　　　　　　venir : je viendrais
devoir : je devrais　　　pouvoir : je pourrais
savoir : je saurais　　　vouloir : je voudrais
faire : je ferais　　　　　prendre : je prendrais
mourir : je mourrais　　voir : je verrais
envoyer : j'enverrais　　falloir : il faudrait

(B) 用法（1）：叙法としての条件法現在

1） 現在または未来の事実に反する仮定の帰結

仮定を表す条件節は＜si＋直説法半過去＞で示され，その帰結文である主節に＜条件法現在＞が用いられます。

> Si + 直説法半過去，条件法現在

Si le général n'obéissait pas, ce ne *serait* pas la faute du général. 〔10〕
もし将軍が従わないとしても，それは彼の過失ではないであろう。［王様が王子さまに言います］

Elle *serait* bien vexée, si elle voyait ça.... 〔20〕
ひどく傷つくだろうな，もしあの花がこれを見たら…。［5千本のバラを前にしての王子さまのセリフです］

Je *serais* heureux, moi aussi, si je pouvais marcher tout doucement vers une fontaine！〔24〕
僕もまた，泉に向かって静かに歩いて行けたら，うれしいんだけどね！［パイロットが王子さまに言います］

☆＜si＋半過去＞の代わりに，次のような表現で条件を表すこともできます。
Sans toi, je *serais* triste. 君がいなければ悲しいだろう。

2） 現在または未来の語調緩和

Pourriez-vous m'aider？
手伝ってくださる？ ［直説法を用いて Pouvez-vous と言うより丁寧な依頼になります］

Je *voudrais* voir un coucher de soleil. 〔10〕
ぼくは夕陽が見たいんです。［王子さまが王様に言います。直接表現を避けて，条件法を用いて語調を緩和しています］

☆次のような表現はとくに会話でひんぱんに用いられます。
　　Je voudrais＋不定詞,　　J'aimerais＋不定詞
　　　（〜したいのですが）

　　Voudriez-vous＋不定詞,　　Pourriez-vous＋不定詞
　　　（〜していただけませんか）

　　J'aimerais envoyer ce colis.　この小包を送りたいのですが。
　　Voudriez-vous fermer la porte? 戸を閉めていただけますか？

3）　現在または未来の推測，反語
　　Pourquoi un chapeau *ferait*-il peur ?　〔1〕
　　　どうして帽子が怖いんだね？　［疑問文で条件法が用いられて反語を示します。〈怖いはずがない〉のニュアンスを持ちます］

　　Je connais quelqu'un qui *serait* mauvais explorateur.　〔15〕
　　　ぼく知っています，困った探検家になりそうな人を。［王子さまが地理学者に言います。条件法が未来の推測を表しています］

(C)　用法（Ⅱ）：時制としての条件法現在
1）　過去における未来
　　　主節が過去時制のとき，従属節に用いられて，過去における未来を表します。
　　Je pensais qu'ils *se marieraient*.
　　　彼らが結婚するだろうと思っていた。

　　(cf. Je pense qu'ils se marieront.
　　　　彼らが結婚するだろうと思う)

　　Le petit prince, qui assistait à l'installation d'un bouton énorme, sentait bien qu'il en *sortirait* une apparition miraculeuse.〔8〕
　　　王子さまは，並はずれて大きなつぼみができるのを見て，そこから奇蹟のように花が咲き出すのを予感した。［il は非人称のil（→p.105），en は中性代名詞（→ p.138）です］

2) 間接話法における条件法現在

主節が過去時制のとき，直接話法を間接話法に変えると，＜時制の一致＞により，従属節の直説法単純未来が条件法現在に変わります。

Il m'a dit qu'il *voyagerait* en Europe.
彼はヨーロッパ旅行をするだろうと言った。

(cf. Il m'a dit : « Je voyagerai en Europe.»
彼は「ヨーロッパ旅行をするだろう」と言った)

☆条件法現在は語幹が直説法単純未来と同じですから，語幹はそのままで語尾を直説法半過去の形に変えるだけで，＜直説法単純未来→条件法現在＞の変換ができます。

§53 条件法過去

条件法現在という単純時制に対応する複合時制が，条件法過去です。

(A) 形態

：助動詞（avoir または être）の条件法現在＋過去分詞となります。

prendre		venir		
j'aurais	pris	je	serais	venu(e)
tu aurais	pris	tu	serais	venu(e)
il aurait	pris	il	serait	venu
elle aurait	pris	elle	serait	venue
nous aurions	pris	nous	serions	venu(e)s
vous auriez	pris	vous	seriez	venu(e)(s)
ils auraient	pris	ils	seraient	venus
elles auraient	pris	elles	seraient	venues

ユニテ㉟ ── 条件法

☆助動詞に être を取るのは，場所の移動に関するいくつかの自動詞（aller, venir, partir, arriver, entrer, sortir etc. → p.89）と，代名動詞（→ p.125）の場合です。その場合，過去分詞の性数一致が起こります。

(B)　用法（I）叙法としての条件法過去
1)　過去の事実に反する仮定の帰結

> Si＋直説法大過去，条件法過去

S'il avait fait beau, nous *serions allés* à la montagne.
晴れていれば僕たちは山へ行っただろうに。

☆＜Si＋直説法大過去＞の代わりに，次のような表現で条件を表すこともできます。
A votre place, j'*aurais fait* autrement.
わたしがあなたの立場だったら，違ったふうにやったでしょうに。

2)　過去の語調緩和
J'*aurais voulu* acheter ces bijoux.
そのアクセサリーを買いたかったのに。

J'*aurais dû* ne pas l'écouter…J'*aurais dû* la juger sur les actes et non sur les mots. 〔8〕
彼女の言うことを真に受けてはいけなかったんだ… ことばではなくて，振る舞いで彼女を判断すべきだったんだ。［王子さまがパイロットに言います。l' および la は，バラの花 la rose を指します］

3)　過去の推測
Il y *aurait eu* un grave accident.　大きな事故があったらしい。

(C) 用法（Ⅱ）時制としての条件法過去

1）過去における未来完了

　主節が過去時制のとき，従属節に＜時制の一致＞として用いられて，過去における未来完了を表します。

Je croyais qu'elle *serait rentrée* avant onze heures.
　わたしは彼女が11時までには帰っているだろうと思っていた。

（cf. Je crois qu'elle sera rentrée avant onze heures.
　わたしは彼女が11時までには帰っているだろうと思う）

2）間接話法における条件法過去

　主節が過去時制のとき，直接話法を間接話法に変えると，〈時制の一致〉によって，従属節の直説法前未来が条件法過去に変わります。

Il m'a dit qu'il *aurait fini* son travail quand je reviendrais.　彼は僕が戻ってくるときには自分の仕事を終えているだろうと言った。

（cf. Il m'a dit: «J'aurai fini mon travail quand tu reviendras.»
　彼は「君が戻ってくるときには自分の仕事を終えているだろう」と言った）

ユニテ36　引きとめる手立てが何もなかった
——接続法

Il me semblait qu'il coulait verticalement dans un abîme sans que je puisse rien pour le retenir...
彼がまっすぐに深淵へとすべり落ちていくように思われて，僕には引きとめる手立てが何もなかった…。(第26章)

　第26章はもっとも長い章であり，物語はいよいよ大詰めを迎えることになります。8日目の夜から歩き始めて9日目の朝に2人は井戸を発見しますが，その翌日，すなわち10日目の夕暮れ，飛行機の修理を終えた語り手は，井戸のそばにふたたびやって来ます。

　そこには壊れた古い石壁があって，王子さまがその上に腰をかけているのが遠くから見てとれました。それから，王子さまが誰かと話しているらしく，声が聞こえてきます。やがて語り手は，その相手がヘビだということに気がつきます。王子さまは壁の上から飛び降りますが，語り手は壁際に走り寄ってその身体を抱きとめるのです。

LPP™

語り手は飛行機の修理に成功して，自分のところに帰ることができるようになったと王子さまに報告に来たのでした。でも，王子さまのほうではすでにそれを知っていて，「ぼくも，今日，自分のところに帰るんだ…もっと遠いんだよ…もっとむずかしいんだよ…」と言います。なにかただごとならぬ事態が起こっているのを感じた語り手は，幼い子どものように王子さまを腕に抱きしめます。

「それでも彼がまっすぐに深淵へとすべり落ちていくように思われて，僕には引きとめる手立てが何もなかった…。(Il me semblait qu'il coulait verticalement dans un abîme sans que je puisse rien pour le retenir...)」

　英訳はこうなっています。it seemed to me that he was dropping headlong into an abyss, and I could do nothing to hold him back. 英訳では，2つの文章を and でつないでいるだけですが，仏文ではsans que が用いられています。そしてsans que のあとで用いられている動詞 puisse は，pouvoir の接続法現在形です。このようにいくつかの接続詞句のあとの副詞節や，ほかに名詞節，形容詞節において接続法を用いる約束になっているものがいくつかあります。

§54　接続法現在

　直説法，命令法，条件法に続いて，4つ目の，そして最後の叙法である接続法について学びます。＜接続＞という名が示すように，主節に接続された従属節において用いられます。直説法が現実をそのまま述べ，条件法が非現実を述べるのに対して，接続法は現実であるか非現実であるかを問わず，話者の頭のなかで考えられたことを述べる叙法です。

（A） 接続法現在の形態

1） 語尾

《 -e, -es, -e, -ions, -iez, -ent 》となり，avoir, être を除いたすべての動詞に共通です。

	aimer
j'aime	nous aim**ions**
tu aimes	vous aim**iez**
il aime	ils aiment

☆ je, tu, il, ils の語尾は第1群規則動詞の直説法現在と同じ，また nous, vous の語尾は直説法半過去と同じです。

2） 語幹

a） 直説法現在3人称複数形から -ent を除いたものです。

aimer → ils *aim*ent → j'*aim*e
finir → ils *finiss*ent → je finisse
dire → ils *dis*ent → je dise
partir → ils *part*ent → je parte

b） prendre, venir, voir など，nous, vous においてのみ，語幹が異なるものがあります。語幹の作り方は，原則にしたがって，

prendre → ils *prenn*ent → je *prenn*e
venir → ils *vienn*ent → je *vienn*e
voir → ils *voi*ent → je *voi*e

となりますが，nous, vousにおいては，「直説法半過去と同形」になります。

prendre	venir	voir
je prenne	je vienne	je voie
tu prennes	tu viennes	tu voies
il prenne	il vienne	il voie
nous *pren*ions	nous *ven*ions	nous *voy*ions
vous *pren*iez	vous *ven*iez	vous *voy*iez
ils prennent	ils viennent	ils voient

(B) 特殊な接続法現在形

1) 特殊な語幹を持つ動詞があります。語尾は規則通りです。

savoir	pouvoir	faire
je sache	je puisse	je fasse
tu saches	tu puisses	tu fasses
il sache	il puisse	il fasse
nous sachions	nous puissions	nous fassions
vous sachiez	vous puissiez	vous fassiez
ils sachent	ils puissent	ils fassent

aller	vouloir	valoir
j'aille	je veuille	je vaille
tu ailles	tu veuilles	tu vailles
il aille	il veuille	il vaille
nous *all*ions	nous *voul*ions	nous *val*ions
vous *all*iez	vous *voul*iez	vous *val*iez
ils aillent	ils veuillent	ils vaillent

☆ aller, vouloir, valoir については，nous, vous で「直説法半過去と同形」になります。

2） 不規則な活用をするもの（特殊な語幹と語尾を持ちます）

avoir		être	
j'aie	nous ayons	je sois	nous soyons
tu aies	vous ayez	tu sois	vous soyez
il ait	ils aient	il soit	ils soient

☆これらは，tu, nous, vous で命令法（→ p.40）と同じ形になります。ただし，命令法では avoir は単数2人称（tu）で語尾の -s が落ちます。

§55 接続法過去

接続法現在という単純時制に対応する複合時制が，接続法過去です。助動詞（avoir または être）の接続法現在＋過去分詞となります。

aimer			aller		
j'aie	aimé		je	sois	allé(e)
tu	aies aimé		tu	sois	allé(e)
il	ait aimé		il	soit	allé
elle	ait aimé		elle	soit	allée
nous	ayons aimé		nous	soyons	allé(e)s
vous	ayez aimé		vous	soyez	allé(e)(s)
ils	aient aimé		ils	soient	allés
elles	aient aimé		elles	soient	allées

☆助動詞に être を取るのは，場所の移動に関するいくつかの自動詞（aller, venir, partir, arriver, entrer, sortir etc. → p.89）と，代名動詞（→ p.125）の場合です。その場合，過去分詞の性数一致が起こります。

§56 接続法の用法

(A) 名詞節の場合
1) 主節に願望・感情・疑いなどを表す動詞が用いられた場合

 a) 人称主語の場合
  接続法を従える動詞（句）は次のものです：
vouloir（望む），désirer（望む），demander（要求する），s'étonner（驚く），souhaiter（願う），avoir besoin（〜が必要だ），être content（うれしい），être heureux（うれしい），être triste（悲しい），préférer（好む），etc.

> Je désire que l'on *prenne* mes malheurs au sérieux.〔3〕
> 　僕の災難をもっと真剣に受けとめてほしいものだ。［王子さまに空から落ちたことを笑われて，パイロットが言います］

> Tu as voulu que je t'*apprivoise*.〔21〕
> 　きみが言ったんだよ，手なずけてほしいって…。［王子さまがキツネに言います］

> Je suis content que tu *sois* d'accord avec mon renard.〔24〕
> 　うれしいよ，きみがぼくのキツネと同じ考えだから。［王子さまがパイロットに言います］

> Je suis content que tu *aies trouvé* ce qui manquait à ta machine.〔26〕
> 　よかったね，きみの機械に欠けていたものが見つかって。［王子さまがパイロットに言います。主節は前文と同じですが，従属節においては完了を表す接続法過去が用いられています］

b) 非人称主語の場合

接続法を従える動詞（句）は次のものです：

il faut（ねばならない）, il est dommage（残念である）, il est possible（かもしれない）, il est nécessaire（必要である）, il se peut（かもしれない）, il suffit（十分である）, il vaut mieux（するほうがよい）, etc.

Il est possible qu'il *se trompe*.
　彼がまちがっているかもしれない。

Il faut que tu *tiennes* ta promesse.〔25〕
　約束を忘れないでよ。［王子さまがパイロットに言います］

2） 主節が否定または疑問で，従属節の内容が不確実なとき
Je ne pense pas qu'il *vienne* ce soir.
　彼が今晩来るとは思わないよ。

Crois-tu qu'il *faille* beaucoup d'herbe à ce mouton ?〔2〕
　このヒツジにはたくさんの草がいるのかな？［王子さまがヒツジの絵を見て言います］

3） 名詞節が文頭に置かれた場合
Qu'ils *se soient mariés* m'étonne beaucoup.
　彼らが結婚したなんてとても驚くよ。

Que les volcans *soient éteints* ou *soient éveillés*, ça revient au même pour nous autres.〔15〕
　火山が休んでいようと，活動していようと，それはわしたちにとっては同じことなのじゃ。［地理学者が王子さまに言います］

(B) 形容詞節の場合
1） 先行詞が最上級またはそれに準ずる表現の場合
Il est le meilleur médecin que je *connaisse*.
　彼はわたしが知っている最上の医者だ。

C'est le seul qui ne me *paraisse* pas ridicule.〔14〕
彼だけは，ぼくにとってこっけいに思えない人なんだ。［王子さまが点灯夫について言います］

2） 主節が否定または疑問で，従属節の内容が不確実なとき
Y a-t-il quelqu'un qui *sache* la vérité?
真実を知っている人はいますか。

Il n'y a personne qui me *comprenne*.
わたしを理解してくれる人は誰もいない。

(C) 副詞節の場合

1） 譲歩節：bien que ~（であるのに），quoique ~（であるのに），などのあとで
Bien qu'il *fasse* mauvais, nous sortons.
天気は悪いけれど出かけます。

2） 目的節：pour que（～のために），afin que（～のために），などのあとで
J'ai alors dessiné l'intérieur du serpent boa, afin que les grandes personnes *puissent* comprendre.〔1〕
そこで僕は，おとなにもわかるように，大蛇（ボア）のからだのなかの絵を描いたんだ。

Approche-toi que je te *voie* mieux.〔10〕
近くに寄りなさい，おまえがもっとよく見えるように。［王様が言います。que は，afin que や pour que に代わって用いられています］

Pour que le chapeau *tombe*, que faut-il faire?〔11〕
帽子が降りるようにするには，どうすればいいの。［王子さまがうぬぼれ屋に言います］

3） 条件節：à condition que（～という条件で），pourvu que（～しさえすれば），à moins que（～でない限り），などのあと

で
　　J'accepte ce travail à condition que vous m'*aidiez*.
　　あなたが手伝ってくれるなら，この仕事を引き受けます。

4）　時間節：avant que（～より前に），jusqu'à ce que（～まで），などのあとで
　　Rentrons avant qu'il ne *pleuve*.　雨が降るまでに戻りましょう。

　☆このような否定の意味を持たない ne を虚辞の ne と呼びます。avant que, à moins que などのあとで，おもに文章語で用いられます。

5）　sans que（～することなく），のあとで
　　Elle est sortie sans que son mari *s'en aperçoive*.
　　彼女は夫に気づかれずに外出した。

(D)　独立節の場合
　　命令，願望を表す独立節で接続法が用いられます。主節が省略されて従属節だけが残った形です。

1）　第三者に対する命令
　　Qu'il *sorte*.　彼に出て行かせろ。

2）　祈願・願望：Nous souhaitons que ～の主節が省略されたものです。この場合 Que も含めて省略されることがあります。
　　Que Dieu nous *aide*！　神がわれらを助けたまわんことを

　　Vive la France！　フランス万歳

§57　接続法半過去・大過去

　接続法には現在と過去のほかに，主節が過去あるいは条件法のときに用いられる半過去と大過去があります。

主節	従属節	
	主節にたいして同時または未来	主節にたいして過去または未来完了
直説法現在・未来	接続法現在	接続法過去
直説法過去，条件法	接続法半過去	接続法大過去

(A) 接続法半過去の形態

1) 語尾は，《 -sse, -sses, -^t, -ssions, -ssiez, -ssent 》となります。
2) 語幹は直説法単純過去（p.179で学びます）2人称単数から，-s を除いたものです。

   aimer   → tu *aimas* → j'*aima*sse
   finir   → tu *finis*   → je *fini*sse
   prendre → tu *pris*   → je *pri*sse

語幹に現れる母音によって，次の4つの型に分けられます。

a 型

aimer	
j'aimasse	
tu	aimasses
il	aimât
nous	aimassions
vous	aimassiez
ils	aimassent

i 型

finir	
je	finisse
tu	finisses
il	finît
nous	finissions
vous	finissiez
ils	finissent

u 型

avoir	
j'eusse	
tu	eusses
il	eût
nous	eussions
vous	eussiez
ils	eussent

in 型

venir	
je	vinsse
tu	vinsses
il	vînt
nous	vinssions
vous	vinssiez
ils	vinssent

ユニテ ㊱

接続法

(B) 接続法大過去の形態

助動詞（avoir または être）の接続法半過去＋過去分詞となります。

aimer		aller		
j'eusse	aimé	je	fusse	allé(e)
tu eusses	aimé	tu	fusses	allé(e)
il eût	aimé	il	fût	allé
elle eût	aimé	elle	fût	allée
nous eussions	aimé	nous	fussions	allé(e)s
vous eussiez	aimé	vous	fussiez	allé(e)(s)
ils eussent	aimé	ils	fussent	allés
elles eussent	aimé	elles	fussent	allées

(C) 接続法半過去・大過去の用法

Je ne compris pas pourquoi il était si important que les moutons *mangeassent* les arbustes. 〔5〕
ヒツジが小さな木を食べることがどうしてそんなに大事なのか，僕にはわからなかった。

Celui-là est le seul dont j'*eusse pu* faire mon ami. 〔14〕
あの人は，友だちになれたかもしれないただひとりの人なのに。
［王子さまが点灯夫について言います］

☆今日では，接続法半過去・大過去の代わりに接続法現在・過去が用いられます。

　Se pouvait-il qu'il le *sache* (sût)？
　彼がそれを知っていることなどありえただろうか。

　Elle s'est étonnée que son père *soit* (fût) *entré*.
　彼女は父親が入ってきたのでおどろいた。

サン=テグジュペリの言葉 ⑥

儀式が時間のなかでもつ意味は，
住まいが空間のなかで持つ意味にひとしい。

Les rites sont dans le temps
ce que la demeure est dans l'espace.

　祖国への思い絶ちがたいサン=テグジュペリは，連合軍の反攻開始とともに，1943年4月ニューヨークから船に乗り，北アフリカ戦線に復帰します。すでに戦闘機搭乗員としての年齢制限を越えていましたが，それを無視して困難な出撃を重ねて，1944年7月31日偵察行動のため，コルシカ島の基地からフランス本国偵察に飛び立ったまま消息を絶ちました。最近発見された資料により，帰途，南仏アゲー沖でドイツ軍戦闘機に撃墜されたものと推定されています。

　『星の王子さま』では，キツネが王子さまに「儀式・しきたり (rite)」の大切さを教えます。rite は，祭式の意味もあり，本来宗教的意味合いの強い言葉です。儀式によって，ある一時間，ある一日が聖別化されて，他とは異なった特別の時間，特別の日となります。儀式こそが，ハレとケ，聖と俗の区別を導入するのです。

　サン=テグジュペリが死ぬまで書き続けていた『城砦 (*Citadelle*)』の中でも，儀式のことが語られています。儀式は時間をひとつの建造物にするのです。

　「儀式が時間のなかでもつ意味は，住まいが空間のなかで持つ意味にひとしい。流れ去る時間が，あたかも一握りの砂のように，私たちを磨り減らし，失わせることなく，私たちを完成させていくように感じられるのはよいことである。時間がひとつの建造物となるのはよいことである」

　引用文の ce は指示代名詞（p.101 参照）で，関係代名詞 que の先行詞となっています。またこの関係代名詞 que は先行詞が属詞のときに用いられます（p.94 参照）。

ユニテ37　空を眺めて笑うきみを見て
―― 現在分詞・ジェロンディフ

Tes amis seront bien étonnés de te voir rire en regardant le ciel.
きみの友人たちは，空を眺めて笑うきみを見て，とても驚くだろうね。（第26章）

　いよいよ王子さまとの別れ，彼が星へ還っていくときが近づいてきます。ここからは王子さまが，作者サン＝テグジュペリの代弁者であるかのように雄弁に語ります。そのあいだパイロットの発することばはきわめて限られています。初めに「そうだとも」と3回くり返して同意をあたえ，次に「どういうことなんだい」を2回くり返して問いただし，さらに「君からは離れないよ」を3回くり返して自分の強い意志を伝えるのです。

　王子さまは言います。自分が星に還ったあと，「夜には星を眺めてね」。そしてその星のひとつで自分が笑っているのだから，星という星がみんな笑っているように見えるはずだ。きみは時には窓を開けるだろう…すると…。

　「きみの友人たちは，空を眺めて笑うきみを見て，とても驚くだろうね。（Tes amis seront bien étonnés de te voir rire en regardant le ciel.）」

　英訳ではこうなっています。Your friends will be amazed to see you laughing while you're looking up at the sky. この while 以下の接続詞に導かれる節が，フランス語ではジェロンディフ en regardant に置き換えられています。ジェロンディフは，副詞節に代わって用いられますので，これを quand tu regardes le ciel と書き換えることもできます。

　ジェロンディフは en＋現在分詞の形をとります。現在分詞は，直説法現在1人称複数の語幹に語尾の -ant をつけて作られます。ですから，regarder ＞ nous regardons ＞ regardant となります。

§58 現在分詞

分詞とは，動詞と形容詞の2つの役割を「分け持つ」もの，すなわち動詞の形容詞的形態です。この分詞には，すでに学んだ過去分詞（→ p.88）のほかに，現在分詞があります。

(A) 形態
1) 語尾は，-ant の形になります。

2) 語幹
   a) 原則として，直説法現在1人称複数形から -ons を取り除いたものです（直説法半過去と同じです）。

aimer	: nous *aim*ons	→ *aim*ant	(j'*aim*ais)
finir	: nous *finiss*ons	→ *finiss*ant	(je *finiss*ais)
faire	: nous *fais*ons	→ *fais*ant	(je *fais*ais)
prendre	: nous *pren*ons	→ *pren*ant	(je *pren*ais)

   b) être は例外です（直説法半過去とは同じ語幹です）。
   être → **étant**　(j'étais)

   c) 次の2語はさらに例外で，直説法半過去と同じ語幹になりません。むしろ，命令法（→ p.41）と似ています。
   avoir　→　**ayant**　　（命令法 ayons, ayez）
   savoir　→　**sachant**　（命令法 sachons, sachez）

(B) 用法
1) 形容詞的用法
   形容詞的にはたらいて，名詞・代名詞を修飾します（関係代名詞 qui を用いた複文が，現在分詞を用いることによって単文になります）。

a) 名詞を修飾する場合

Regardez cette jeune fille *dansant* très bien.
とても上手に踊っているあの少女をごらんなさい。

(cf. Regardez cette jeune fille qui danse très bien.)

b) 代名詞を修飾する場合

Les camarades qui m'ont revu ont été bien contents de me revoir *vivant*. 〔27〕
再会した仲間たちは，僕が生きて還れたのを見て，とても喜んでくれた。［vivant は me を修飾しています］

2） 副詞的用法

　副詞的にはたらいて，条件，原因，理由，手段，譲歩を表します（接続詞を用いた複文が，現在分詞を用いることによって単文になります）。

Partant tout de suite, vous la rejoindrez.
　すぐに出かければ，彼女に追いつけますよ。［現在分詞の代わりに接続詞を用いると Si vous partez となります］

Un jour, par exemple, *parlant* de ses quatre épines, elle [la rose] avait dit au petit prince. 〔8〕
たとえば，ある日のこと，彼女（バラの花）は自分の4つのトゲを話題に持ち出して，王子さまにこう言ったのだ。［現在分詞の代わりに接続詞を用いると quand elle parlait となります］

Je les [les étoiles] apercevais comme en rêve, *ayant* un peu de fièvre, à cause de ma soif. 〔24〕
のどの渇きのせいで少し熱があったので，僕は，さながら夢を見るように星を見つめた。［現在分詞の代わりに接続詞を用いると parce que j'avais となります］

(C) 現在分詞複合形

＜助動詞の現在分詞（ayant または étant）＋過去分詞＞で構成され，動作の完了を表します。

Le petit prince, tout confus, *ayant été* chercher un arrosoir d'eau fraîche, avait servi la fleur. 〔8〕
王子さまは恥じ入って，じょうろいっぱいの新鮮な水を汲んできて，花に注ぎかけた。［ここでは，複合時制において être は「行く」の意味で使われています］

Le géographe, *ayant ouvert* son registre, tailla son crayon. 〔15〕
地理学者は自分の記録簿を開いて鉛筆をけずった。［tailla は tailler の単純過去形（p.179 で学びます）です］

(D) 絶対分詞構文

分詞節が独自の主語を持つとき，これを絶対分詞構文と呼びます（多くの場合，理由を表します）。

L'hiver *venant*, nous sommes allés faire du ski.
冬になったのでスキーに出かけた。

Le roi n'*ayant* rien *répondu*, le petit prince hésita d'abord, puis, avec un soupir, prit le départ. 〔10〕
王様が何も答えなかったので，王子さまは，初めはためらっていたが，それからため息をついて，出発した。［hésita は hésiter の，prit は prendre の単純過去形です］

(E) 過去分詞構文

過去分詞も分詞構文を作りますが，現在分詞複合形の助動詞 étant が省略された形と考えることもできます。

Vu d'un peu loin ça faisait un effet splendide. 〔16〕
少し離れて見ると，それは壮麗な効果を生みだしていた。［宇宙から見た地球の描写です］

§59 ジェロンディフ

(A) 形態

en＋現在分詞の形をとります。

(B) 用法

副詞的にはたらき，同時性・手段・条件・対立などを表します。現在分詞よりも口語的表現で，日常会話でよく使われます。一般にジェロンディフの複合形は用いません。

1) 同時性

Il hochait la tête doucement tout *en regardant* mon avion. 〔3〕
彼は僕の飛行機をまじまじと見つめて，静かに頭を振った。

J'avais écouté l'histoire du marchand *en buvant* la dernière goutte de ma provision d'eau. 〔24〕
たくわえの水の最後の一滴を飲みほしながら，僕は商人の話を聞いた。

2) 手段

Vous pouvez rentrer *en utilisant* ma voiture.
僕の車を使って帰ってもいいですよ。

Il se souvint des couchers de soleil que lui-même allait autrefois chercher, *en tirant* sa chaise. 〔14〕
かつて，自分で椅子を動かして探しだそうとした夕陽のことが思い出された。〔点灯夫の星を訪れたときの王子さまです。souvint は souvenir の単純過去形（p.179 で学びます）です〕

3) 条件

On y compte cent onze rois (*en n'oubliant* pas, bien sûr, les rois nègres). 〔16〕
ここには111人の王様（もちろん黒人の王様も忘れず勘定にいれて）がいる。

4） 対立

　Il se taisait tout *en sachant* la vérité.
　　彼は真実を知っているのに黙っていた。

　☆ジェロンディフの前に置かれた tout は，同時性または対立を強調します。

(C) 現在分詞とジェロンディフの違い

　現在分詞は形容詞的，ジェロンディフは副詞的という基本的な相違があります。

1） 次の2つの文を比べてみましょう。

　a） J'ai vu Marie *revenant* de l'école.
　　　わたしは学校から帰ってくるマリーに会った。
　b） J'ai vu Marie *en revenant* de l'école.
　　　わたしは学校から帰ってくるとき，マリーに会った。

　現在分詞は形容詞的にはたらいて，いちばん近くにある名詞である Marie を修飾します。それにたいして，ジェロンディフは副詞的にはたらいて，動詞 ai vu を修飾します。ですからジェロンディフの主語は，つねに主文の主語と同じです（絶対分詞構文のように，ジェロンディフが独自の主語を持つことはありません）。

2） では，こんどは次の2つの文を比べてみましょう。

　a） *Travaillant* bien, vous réussirez.
　b） *En travaillant* bien, vous réussirez.
　　　よく勉強すれば，あなたは成功するでしょう。

　この場合は，2文とも同じ意味になります。現在分詞が副詞的にはたらいているからです。副詞的にはたらいた現在分詞は，ジェロンディフと同じような用法を持ち，文頭に置かれて，ヴィルギュール（,）で主文から離されます。

ユニテ38　静かに彼は倒れた
――直説法単純過去・前過去

> Il tomba doucement comme tombe un arbre.
> 1本の木が倒れるように，静かに彼は倒れた。(第26章)

　夜になって，王子さまはヘビとの約束の場所へと出かけていきます。語り手もそのあとを追って，ようやく追いつくと，王子さまはこう言うのです。「来ちゃいけなかったのに。きみは悲しむことになるよ。ぼくは死んだようになってしまうけれど，でもそれはほんとうじゃない…」。王子さまは語り続けますが，語り手は沈黙したままです。「僕は黙っていた」と3度くり返されます。そして，王子さまがとうとう泣き出すのです。

　王子さまの最後のことば，それはやはりバラの花への思いを告げるものでした。「ねえ，ぼくの花…ぼくは花に責任があるんだ！…さあ…これですべてだよ…」

　そして，王子さまの最後の場面が続きます。
「王子さまのくるぶしのあたりに，黄色い閃光が走っただけだった。一瞬，彼の動きがとまった。叫び声はあげなかった。1本の木が倒れるように，静かに彼は倒れた。音もたてずに，だってそれは砂の上だったから。(Il n'y eut rien qu'un éclair jaune près de sa cheville. Il demeura un instant immobile. Il ne cria pas. Il tomba doucement comme tombe un arbre. Ça ne fit même pas de bruit, à cause du sable.)」

　これらの動詞 eut (avoir), demeura (demeurer), cria (crier), tomba (tomber), fit (faire) はすべて直説法単純過去形です。小説や物語において，登場人物の行為や事件の継起を示すときに用いられます。活用が複雑ですが，3人称で用いられることが多いので，とくに3人称に注意しておぼえるとよいでしょう。

§60　直説法単純過去

　これまで，直説法の過去形としては，複合過去，半過去，大過去と3つの過去形を学びました。この章で学ぶ単純過去は，書き言葉でしか用いられません。小説などにおいて，過去における物語の進行を語るときに使われますので，『星の王子さま』では多用されています。

(A)　単純過去の4つの形態と活用語尾
　語幹に現れる母音によって，次の4つの型に分けられます。

1）　**a** 型（-er 動詞および aller）

aimer	**aller**
j'aimai	j'allai
tu aimas	tu allas
il aima	il alla
nous aimâmes	nous allâmes
vous aimâtes	vous allâtes
ils aimèrent	ils allèrent

2）　**i** 型（-ir 動詞，その他）

finir
je   finis
tu   finis
il   finit
nous finîmes
vous finîtes
ils   finirent

3) **u型**（avoir, être など多数）

avoir		être	
j'	eus [y]	je	fus
tu	eus	tu	fus
il	eut	il	fut
nous	eûmes	nous	fûmes
vous	eûtes	vous	fûtes
ils	eurent	ils	furent

4) **in型**（venir, tenir）

venir	
je	vins
tu	vins
il	vint
nous	vînmes
vous	vîntes
ils	vinrent

(B) 単純過去の用法

1） 現在とかかわりのない過去の事実を表します。

Le 14 juillet 1789 le peuple de Paris *attaqua* la Bastille.

1789年7月14日，パリの民衆はバスティーユの監獄を襲撃した。

2） 文学作品では，過去の継起的な事実が直説法単純過去によって示され，その背景となる情景が直説法半過去によって描写されます。『星の王子さま』においても，第2章以降，会話以外の部分では直説法半過去が情景を描写し，直説法単純過去が人物の行為を表します。（描写の半過去→p.146）

Je me *préparai* à essayer de réussir, tout seul, une réparation difficile. 〔2〕 むずかしい修理をひとりでやりとげるつもりだった。[最初に現れる直説法単純過去です。このあと，単純過去が多用されることになります]

Je *regardai* donc cette apparition avec des yeux tout ronds d'étonnement. 〔2〕
それで僕は，驚いて目を丸くして，この現れ出たまぼろしを見つめた。

C'est alors qu'*apparut* le renard :
«Bonjour, *dit* le renard.
—Bonjour, *répondit* poliment le petit prince, qui se *retourna* mais ne *vit* rien. 〔21〕
その時だった，キツネがあらわれたのは。
「こんにちわ」とキツネが言った。
「こんにちわ」と王子さまはていねいに答えて，振り向いたが何も見えなかった。

§61 直説法前過去

　直説法単純過去という単純時制に対応する複合時制は，直説法前過去です。単純過去と同様に，書き言葉でしか用いません。

(A) 形態
　　助動詞（avoir または être）の直説法単純過去＋過去分詞となります。

	prendre			**aller**	
j'	eus	pris	je	fus	allé(e)
tu	eus	pris	tu	fus	allé(e)
il	eut	pris	il	fut	allé
elle	eut	pris	elle	fut	allée
nous	eûmes	pris	nous	fûmes	allé(e)s
vous	eûtes	pris	vous	fûtes	allé(e)(s)
ils	eurent	pris	ils	furent	allés
elles	eurent	pris	elles	furent	allées

(B) 用法

　一般に従属節において用いられ，単純過去に示される主節の直前に完了した行為を示します。

Elle rougit aussitôt qu'elle *eut vu* ce jeune homme.
　その若者を見てすぐに彼女は顔を赤らめた。

LPP™

ユニテ39　たいへんなことが起こっている
──不定代名詞・所有代名詞

Il se passe quelque chose d'extraordinaire.
たいへんなことが起こっている。（第27章）

　第27章は,「そうなんだ,あれから,もう6年の歳月が流れた…」と始まります。

　語り手の悲しみは,いまでもすっかり慰められたというわけではありません。そして,夜になると,彼は好んで星たちに耳をそば立てます。それは,さながら5億の鈴のように鳴り響くのです。

　「けれども,たいへんなことが起こっている。(Mais voilà qu'il se passe quelque chose d'extraordinaire.)王子さまのために描いた口輪に,僕は革ひもをそえるのを忘れてしまった」

　そこで,王子さまの星でヒツジがバラを食べてしまったかもしれない,と語り手は心配します。すると,鈴のように笑っていたすべての星が涙に変わってしまいます。だから,ヒツジが一輪のバラを食べたか,食べなかったかで,宇宙はもう同じようには見えなくなってしまうのです…。

　引用文は,英訳ではこうなっています。But something extraordinary has happened. この something にあたるのが不定代名詞の quelque chose です。ただ,仏文では,主語に仮主語である非人称の il が使われて,非人称構文となっていることに注意してください。不定代名詞は,男性でも女性でも,単数でも複数でもありません。形容詞がつくときは,「連結の de 」と言われる de が必要で,そのとき形容詞は男性単数にすることになっています。

§62　不定代名詞

(A)　肯定の意味を持つもの

1）**on**

「人，人々，誰か」の意味で主語になります。動詞は3人称単数で活用します。on に対応する動詞の目的語は se, 強勢形はsoi, 所有形容詞は son, sa, ses となります。

> Droit devant soi *on* ne peut pas aller bien loin...　〔3〕
> まっすぐに進んでも，そんなに遠くへは行けないんだ…。[王子さまがパイロットに言います]

> Voici mon secret. Il est très simple: *on* ne voit bien qu'avec le cœur.　〔21〕
> これがおれの秘密なんだ。とても簡単なんだよ。心で見なくっちゃ，よく見えないんだ。[キツネのセリフです]

☆ que, si, où などのあとでは，母音の連続を避けるため，l'on を用いることが多いです。

> C'est très utile, si *l'on* s'est égaré pendant la nuit.　〔1〕
> 夜間に航路を見失ったときには，これはとても役に立つよ。
> [語り手のことばです]

> On ne connaît que les choses que *l'on* apprivoise.　〔21〕
> 知ることができるのは，自分で手なずけたものだけさ。
> [キツネのセリフです]

> On n'est jamais content là où *l'on* est.　〔22〕
> だれも自分のいるところには，けっして満足できないんだよ。
> [転轍手のセリフです]

☆会話ではとくに nous に代わって on が用いられます。
> Alors, *on* y va ?　さあ，行こうか？

2） **quelque chose**

「なにか」の意味でものを指します。

Chaque jour j'apprenais *quelque chose* sur la planète, sur le départ, sur le voyage. 〔5〕
日ごとに、僕は、王子さまの星について、旅立ちのいきさつやその道中について、何事かを知るようになった。

C'est aussi *quelque chose* de trop oublié. 〔21〕
それもまた、すっかり忘れられていることなんだ。［キツネのセリフです。quelque chose に形容詞がつくときは、de＋形容詞（男性単数）となります］

(B) 否定の意味を持つもの

1） **personne**「誰も〜ない」（ne とともに用いて）

Mais il n'y a *personne* à juger！〔10〕
でも、裁かなければならない人などいませんよ！
［王子さまが王様に言います］

Personne ne vous a apprivoisées et vous n'avez apprivoisé *personne*. 〔21〕
だれもきみたちを手なずけていないし、きみたちだって、だれも手なずけていない。　［王子さまが5千本のバラに言います。vous a apprivoisées では、直接目的の vous がここでは女性複数ですので、過去分詞 apprivoisé に -es がつきます］

2） **rien**「何も〜ない」（ne とともに用いて）

Il n'a jamais aimé personne. Il n'a jamais *rien* fait d'autre que des additions. 〔7〕
その人は一度も人を愛したことがない。計算以外のことは何もしたことがない。［王子さまのセリフです。rien に形容詞がつくときは、de + 形容詞となります］

On s'assoit sur une dune de sable. On ne voit *rien*. On n'entend *rien*. 〔24〕
砂丘の上に腰をおろす。何も見えない。何も聞こえない。［語り手のことばです］

§63　所有代名詞

「わたしのもの」「君のもの」を意味する代名詞を所有代名詞と呼びます。英語の mine, yours などにあたりますが，つねに定冠詞とともに用いられることと，所有物を表す名詞の性・数に応じて変化する点が異なります。

	男性単数	女性単数	男性複数	女性複数
je	le mien	la mienne	les miens	les miennes
tu	le tien	la tienne	les tiens	les tiennes
il, elle	le sien	la sienne	les siens	les siennes
nous	le nôtre	la nôtre	les nôtres	
vous	le vôtre	la vôtre	les vôtres	
ils, elles	le leur	la leur	les leurs	

1）既出の名詞を受けて，＜所有形容詞＋名詞＞に代わります。

Le petit prince, qui me posait beaucoup de questions, ne semblait jamais entendre *les miennes*. 〔3〕
王子さまは，僕にたくさんの質問をするけれど，こちらからの質問はまるで耳に入らないふうだった。［les miennes は mes questions に代わって用いられています］

Va revoir les roses. Tu comprendras que *la tienne* est unique au monde. 〔21〕
もう一度，バラたちを見に行ってごらん。きっとわかるよ，君のバラがこの世でただひとつのものだということが。［キツネが王子さまに言います。la tienne は ta rose に代わって用いられています］

２） 男性複数で家族・党派を表します。既出の名詞とは関係なく，単独で用いられます。

Mes compliments *aux vôtres*. あなたのご家族によろしく。

ユニテ40　いちばん悲しい景色なんだ
―― 基本文型

C'est, pour moi, le plus beau et le plus triste paysage du monde.
これが，僕にとって，世界でいちばん美しく，またいちばん悲しい景色なんだ。(あとがき)

LPP™

　物語の最後，砂漠の絵が掲げられています。一つ前の絵（→p.182）と同じ風景ですが，ただ王子さまの姿だけが消えています。そして「あとがき」の文章が，このように始まります。

　「これが，僕にとって，世界でいちばん美しく，またいちばん悲しい景色なんだ。(Ça c'est, pour moi, le plus beau et le plus triste paysage du monde.) …ここだよ，王子さまが地上に姿を現し，そして消えてしまったのは」

　そして，語り手が読者に呼びかけて，この物語は終わります。君たちがいつかアフリカの砂漠を旅して，この場所を通るようなことがあれば，そのときひとりの子どもが君たちのほうにやってきたら…それが誰だかわかるだろう…。

　「そこで，僕のお願いを聞いてほしいんだ！　こんなに悲しんでいる僕を放っておかないで。すぐに僕に手紙を書いてほしいんだ，王子さまが還って来たと…。」

最後の文法項目の勉強としては，基本文型を取り上げます。どんな文章も6つの文型のどれかに所属します。例としてあげた文章は「これが…景色なんだ（C'est... le paysage...）」となりますので，主語(S)＋動詞(V)＋属詞(A)の第2文型です。

§64 基本文型

フランス語の文の構造は6つに分けられます。主語を S (sujet), 動詞を V (verbe), 属詞を A (attribut), 直接目的語を OD (objet direct), 間接目的語を OI (objet indirect) で表すと, 次のようになります。

1) S＋V

Je pleurerai. 〔21〕
おれは泣きそうだよ。［キツネが王子さまに言います］

2) S＋V＋A

Je suis un renard. 〔21〕 おれはキツネだよ。

3) S＋V＋OD

Je cherche des amis. 〔21〕
ぼくは友だちを探しているんだ。［王子さまがキツネに言います］

4) S＋V＋OI

Je réponds à ma mère. お母さんに返事するわ。

5) S＋V＋OD＋OI

J'offre un cadeau à mon père.
お父さんにプレゼントをあげるの。

6) S＋V＋OD＋A

Je trouve ce film intéressant. その映画はおもしろいと思う。

☆状況補語

以上の6つの基本文型に, 時, 場所, 手段などを表す状況補語がつきます。

Le premier soir je me suis *donc* endormi *sur le sable à mille milles de toute terre habitée*. 〔2〕

最初の夜, 人が住んでいる土地から千マイルも離れた砂の上で, 僕は眠りに落ちた。［イタリック体の部分が状況補語ですが, そ

れを取り除くと，この文章は主語と動詞だけからなる第1文型だとわかります］

§65　直接話法と間接話法

『星の王子さま』に見られる会話は直接話法によるものが多く，間接話法はほとんど使われていませんが，ここでは間接話法の作り方を学びましょう。

(A)　直接話法から間接話法への構文の変化

　　直接話法を間接話法に変えるには，まず deux-points（:）と guillemets（《》）を除きます。そして dire, répondre, demander などの導入動詞のあとに従属節が続きます。

1)　平叙文の場合

　　従属節は que によって導かれます。
　　Elle dit au petit prince :《Je t'aime.》
　　　彼女は王子さまに言う。「あなたが好きよ」

　→ Elle dit au petit prince *qu*'elle l'aime.
　　　彼女は王子さまに好きだと言う。

2)　疑問文の場合

　a)　もとの直接話法の疑問文が疑問詞を用いない場合，従属節は si によって導かれます。
　　Il demande au géographe :《Est-ce qu'il y a des océans?》
　　　彼は地理学者にたずねる。「大きな海はあるのですか」

　→ Il demande au géographe *s*'il y a des océans.
　　　彼は地理学者に大きな海はあるのかとたずねる。

　b)　もとの直接話法の疑問文が疑問詞を用いる場合，従属節でもこれらの疑問詞をそのまま用います。（ただし，qu'est-ce qui は ce qui に，qu'est-ce que および que は

ce que に変わります）
Il demande au buveur :《Pourquoi bois-tu ?》
彼は呑んべえにたずねる。「なぜ呑むの」

→ Il demande au buveur *pourquoi* il boit.
彼は呑んべえになぜ呑むのかとたずねる。

Il demande au buveur :《Que fais-tu là ?》
彼は呑んべえにたずねる。「そこで何をしているの」

→ Il demande au buveur *ce qu*'il fait là.
彼は呑んべえにそこで何をしているのかとたずねる。

3） 命令文の場合
前置詞 de＋不定詞の形になります。
La rose dit au petit prince :《Va-t'en.》
バラは王子さまに言う。「行きなさい」

→ La rose dit au petit prince *de* s'en aller.
バラは王子さまに行きなさいと言う。

(B) 時制の一致

　直接話法を間接話法に変えるとき，主節が過去時制であれば，時制の一致が起こります。

	直接話法			間接話法	
主節は過去	直説法	現在	→	直説法	半過去
	直説法	複合過去	→	直説法	大過去
	直説法	単純未来	→	条件法	現在
	直説法	前未来	→	条件法	過去

Le petit prince a dit :《Je *suis* triste.》
王子さまは言った。「ぼく，悲しいんだ」

→ Le petit prince a dit qu'il *était* triste.
王子さまは悲しいと言った。

J'ai montré mon chef-d'œuvre aux grandes personnes et je leur ai demandé si mon dessin leur *faisait* peur. 〔1〕
僕はこの傑作をおとなたちに見せて、僕の絵、怖くない？とたずねた。［直接話法で書くと，je leur ai demandé：《Mon dessin vous fait peur?》となります］

(C) 副詞の照応

直接話法を間接話法に変えるとき，時や場所を表す副詞が，話し手の立場から語られることになって変化します。

1) 時を表す副詞

	直接話法			間接話法	
主節は過去	aujourd'hui	今日	→	ce jour-là	その日
	hier	昨日	→	la veille	前日
	demain	あす	→	le lendemain	翌日
	maintenant	いま	→	alors	その時

Il a dit :《Je partirai *demain*.》
　彼は言った。「明日出発します」

→ Il a dit qu'il partirait *le lendemain*.
　彼は翌日出発すると言った。

2) 場所を表す副詞

	直接話法		間接話法	
主節は過去	ici	ここ	→	là そこ

Il a dit :《Je suis né *ici*.》
　彼は言った。「僕はここで生まれたんだ」

→ Il a dit qu'il était né *là*.
　彼はそこで生まれたと言った。

フランス語の発音

§1 綴り字記号

(A)綴り字記号の種類

フランス語の文字についている記号を綴り字記号と呼びます。次の7つがあります。

そのうち3つはアクサン記号と呼ばれますが，発音上のアクセント（強勢）とは関係ありません。このアクサン記号は大文字の場合，省かれることもあります。

```
アクサン・テギュ（accent aigu）´         é
アクサン・グラーヴ（accent grave）`       à è ù
アクサン・スィルコンフレクス              â ê î ô û
  （accent circonflexe）^
トレマ（tréma）¨                        ë ï ü
セディーユ（cédille）                    ç
アポストロフ（apostrophe）'              l'étoile
トレ・デュニオン（trait d'union）-       grand-père
```

(B)綴り字記号の用例

1) アクサン・テギュ

 étoile 星　　école 学校　　café コーヒー
 エトワール　　エコル　　　　カフェ

2) アクサン・グラーヴ

 mère 母　　là そこに　　où どこに
 メール　　　ラ　　　　　　ウ

3) アクサン・スィルコンフレクス

 âme 魂　　tête 頭　　île 島　　goût 味
 アーム　　テット　　　イル　　　グ

4) トレマ

 égoïste エゴイスト
 エゴイスト

(トレマがなくて égoiste と綴ると，発音が ［egwast　エゴワスト］となります。トレマは 2 つ以上並んだ母音字を独立して発音する記号です。複母音字の発音は p.196 で説明します。)

5) セディーユ：c の下につけて，発音が ［s］ スとなります。

Français フランス人
フランセ

6) アポストロフ：母音 e, a, i の省略を示します。

l'étoile　星 ← la étoile
レトワル

7) トレ・デュニオン：英語のハイフォンにあたります。

grand-père　祖父
グランペール

§2　母音の発音

(A) 母音の種類

フランス語の母音は12あります。口の開きと舌の位置との関係から図示すると下のようになります。

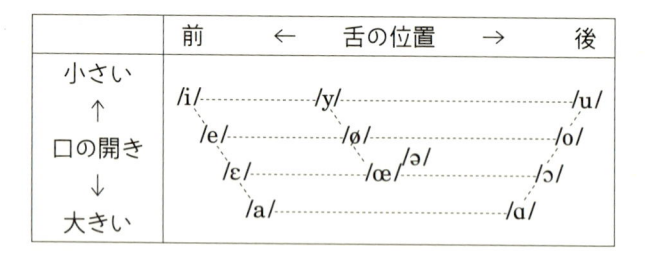

	前　←　　舌の位置　　→　後
小さい ↑ 口の開き ↓ 大きい	/i/--------/y/--------------/u/ /e/------/ø/--------------/o/ /ɛ/------/œ/ /ə/------/ɔ/ 　　　　/a/------------/ɑ/

(B) 単母音字の発音

a, à, â　［ɑ］［a］

日本語の ［ア］ に近い音です。［ɑ］ と ［a］ は，元来異なった音ですが，今日ではあまり区別されなくなっています。

ami ［ami］ 友だち　　là ［la］ そこに　　âme ［ɑm］ 魂
アミ　　　　　　　　　ラ　　　　　　　　　アーム

i, î, ï, y ［i］

日本語の［イ］に近い音ですが，口を横に引っ張った鋭い［イ］です。

 ici ［isi］ ここに   île ［il］ 島   y ［i］ そこに
 イスィ   イル   イ

é ［e］

口の開きが狭くて，「イ」に近い「エ」の音です。

 étoile ［etwal］ 星   été ［ete］ 夏
 エトワル   エテ

è, ê ［ɛ］

口を広く開いた「エ」の音です。

 père ［pɛr］ 父   mère ［mɛr］ 母
 ペール   メール

o, ô ［o］

口を丸く突き出して発音する「オ」です。

 mot ［mo］ 単語   tôt ［to］ 早く
 モ   ト

o ［ɔ］

口をやや大きく開いて発音する「オ」です。

 port ［pɔr］ 港
 ポール

u, û ［y］

「ウ」を発音するときのように唇を丸めて，「イ」を発音します。「ユ」に近い音です。

 tu ［ty］ 君   sûr ［syr］ 確かな
 テュ   スュル

e   1） 無音または［ə］

 単語および音節の終わりに置かれた e は，原則として発音しないか，または［ə］（軽い「ウ」）と発音します。

  table ［tabl］ 机   repas ［r(ə)pɑ］ 食事
  ターブル   ルパ

  2）［e］［ɛ］

 音節の冒頭または途中に置かれた e は，［e］または［ɛ］と発音します。（音節の切り方→p.202）

  esprit ［ɛspri］ 精神   terre ［tɛr］ 地球
  エスプリ   テール

§2 母音の発音（フランス語の発音）

(C)複母音字の発音

2つ以上の母音字が組み合わされてひとつの音を出すものがあり，これを複母音字と呼んでいます。

ai [ɛ]

    air [ɛr] 空気 　　　　maison [mɛzɔ̃] 家
    エール　　　　　　　　　　メゾン

ei [ɛ]

    peine [pɛn] 苦労 　　　neige [nɛʒ] 雪
    ペーヌ　　　　　　　　　　ネージュ

au [o]

    auto [oto] 車 　　　　　jaune [ʒon] 黄色
    オト　　　　　　　　　　　ジョーヌ

eau [o]

    eau [o] 水 　　　　　　 beau [bo] 美しい
    オー　　　　　　　　　　　ボー

eu, œu [ø] [œ]

[ø] は，開きの狭い「オ」[o] を発音するときの口の形をして，狭い「エ」[e] を発音します。

    peu [pø] ほとんどない 　　deux [dø] 2
    プー　　　　　　　　　　　ドゥー

[œ] は，開きの広い「オ」[ɔ] を発音するときの口の形をして，広い「エ」[ɛ] を発音します。

    fleur [flœr] 花 　　　　　œuf [œf] 卵
    フルール　　　　　　　　　ウフ

☆œ は，o と e の合字で，辞書を引くときは o の項の oe- として引きます。

oi [wa]

    oiseau [wazo] 鳥 　　　　roi [rwa] 王
    ワゾ　　　　　　　　　　　ロワ

ou [u]

日本語の「ウ」より口を丸く前に突き出して強く発音します。

    amour [amur] 愛 　　　　tour [tur] 塔
    アムール　　　　　　　　　トゥール

ay [ɛj] [ej]

　payer [peje]　支払う
　ペイエ

oy [waj]

　voyage [vwajaʒ]　旅行
　ヴォワィアージュ

(D)　鼻母音の発音

語末や音節の切れ目に鼻音 n, m が来るとき，前の母音が鼻に抜けて発音されます。次の4つの鼻母音があります。

[ɑ̃]	[ɛ̃]	[ɔ̃]	[œ̃]
アン(オン)	アン(エン)	オン	アン

an, am [ɑ̃]	an [ɑ̃]　年, 歳 アン	lampe [lɑ̃p]　ランプ ランプ
en, em [ɑ̃]	enfant [ɑ̃fɑ̃]　子ども アンファン	temps [tɑ̃]　時間 タン
ain, aim [ɛ̃]	pain [pɛ̃]　パン パン	faim [fɛ̃]　空腹 ファン
ein, eim [ɛ̃]	peinture [pɛ̃ntyr]　絵画 パンテュール	
in, im [ɛ̃]	vin [vɛ̃]　ワイン ヴァン	
	impression [ɛ̃mpresjɔ̃]　印象 アンプレスィヨン	
yn, ym [ɛ̃]	syndicat [sɛ̃dika]　組合 サンディカ	symbole [sɛ̃bɔl]　象徴 サンボル
on, om [ɔ̃]	bon [bɔ̃]　良い ボン	sombre [sɔ̃br]　暗い ソンブル
un, um [œ̃]	un [œ̃]　1 アン	parfum [parfœ̃]　香水 パルファン
oin [wɛ̃]	loin [lwɛ̃]　遠くに ロワン	coin [kwɛ̃]　片隅 コワン

(E)　半母音の発音

母音が2つ続くと，前の母音が子音化します。これを半母音と呼びます。次の3例があります。

[i] + 母音	→	[j]	piano [pjano]　ピアノ ピヤノ	nation [nasjɔ̃]　国家 ナスィヨン
[u] + 母音	→	[w]	oui [wi]　はい ウィ	noir [nwar]　黒 ノワール

フランス語の発音　§2　母音の発音

[y] + 母音 → [ɥ]　nuit [nɥi] 夜　　　　huit [ɥit] 8
　　　　　　　　　　　ニュイ　　　　　　　　ユィット

(F) 母音字＋il, ill の発音

　母音字のあとに -il, または -ill が続くとき, il (ill) は半母音となり, 前の母音と合体して [ユ] [j] の音になります。

ail, aill [aj]　　travail [travaj]　仕事
　　　　　　　　トラヴァイユ

eil, eill [ɛj]　　soleil [sɔlɛj]　太陽
　　　　　　　　ソレイユ

euil, euill [œj]　feuille [fœj]　木の葉
　　　　　　　　フイユ

œil, œill [œj]　œil [œj]　目
　　　　　　　　ウイユ

ueil, ueill [œj]　accueil [akœj]　歓迎
　　　　　　　　アクイユ

ouil, ouill [uj]　grenouille [grənuj]　カエル
　　　　　　　　グルヌイユ

☆子音字＋ill の場合は [il] または [ij]

ville [vil]　町　　　　mille [mil]　千
ヴィル　　　　　　　　ミル

fille [fij]　娘　　　　famille [famij]　家族
フィーユ　　　　　　　ファミーユ

§3　子音の発音

(A) 単子音字の発音

t [t]　tête [tɛt] 頭　　　toilette [twalɛt] トイレ
　　　テット　　　　　　トワレット

　　☆ti は [si] と発音される場合があります。

　　　action [aksjɔ̃]　行動
　　　アクシヨン

d [d]　dame [dam]　夫人　　dîner [dine]　夕食
　　　ダーム　　　　　　　ディネ

p [p]　Paris [pari]　パリ　　pont [pɔ̃]　橋
　　　パリ　　　　　　　　ポン

b 　　一般に [b] ですが, ときに [p] と発音します。

　　　bois [bwa]　森　　　bébé [bebe]　赤ん坊
　　　ボワ　　　　　　　　ベベ

absent [apsɑ̃] 欠席の アプサン	obtenir [ɔptənir] 入手する オプトゥニール

f [f] février [fevrije] 2月 fille [fij] 娘
　　　　フェヴリエ　　　　　　　フィーユ

v [v] voix [vwa] 声 vacances [vakɑ̃s] ヴァカンス
　　　　ヴォワ　　　　　　　ヴァカンス

s 一般に [s] と発音しますが，母音にはさまれると [z] です。

soir [swar] 夕方　　semaine [s(ə)mɛn] 週
ソワール　　　　　　スメーヌ

saison [sɛzɔ̃] 季節　poison [pwazɔ̃] 毒
セゾン　　　　　　　ポワゾン

☆ただし ss は [s] です。poisson [pwasɔ̃] 魚
　　　　　　　　　　　　　　ポワソン

z [z] gaz [gɑz] ガス　　gazon [gɑzɔ̃] 芝生
　　　　ガーズ　　　　　　　ガゾン

c ca, co, cu は [k]，ce, ci, cy は [s] と発音します。

café [kafe] コーヒー　cuisine [kɥizin] 台所
カフェ　　　　　　　　キュイズィヌ

ceci [səsi] これ　　　cycle [sikl] サイクル
ススィ　　　　　　　　スィクル

ç [s] ça [sa] それ　　garçon [garsɔ̃] 少年
　　　　　　　　　　　　ガルソン

g ga, go, gu は [g]，ge, gi, gy は [ʒ] と発音します。

gâteau [gɑto] お菓子　goût [gu] 好み
ガト　　　　　　　　　グー

guide [gid] ガイド
ギッド

neige [nɛʒ] 雪　　　　gilet [ʒilɛ] ベスト
ネージュ　　　　　　　ジレ

h h は発音しませんが，語頭に置かれた h は文法上＜無音の h＞と＜有音の h＞の区別があります。

1) 無音の h：h がないものとして扱います。したがって次の母音から始まっているものと見なしますので，母音で始まる語と同じように，あとで述べるリエゾンや，エリズィヨンが行われます。大部分の h で始まる語は，この無音の h です。

hôtel [otɛl] ホテル
オテル

2) 有音の h：実際には発音されませんが，子音とみなします。辞書では，見出し語に†の印がつけてあります。

†haut [o] 高い
オ

j [ʒ]　jambe [ʒɑ̃b] 足　　　jeune [ʒœn] 若い
　　　　ジャンブ　　　　　　　　ジュヌ

l [l]　舌先を軽く上の歯茎につけて発音します。

lion [ljɔ̃] ライオン　　leçon [l(ə)sɔ̃] 授業
リヨン　　　　　　　　　ルソン

m [m] mai [mɛ] 5月　　　mère [mɛr] 母親
　　　　　メ　　　　　　　　　　メール

n [n]　nager [naʒe] 泳ぐ　　neuf [nœf] 9
ナジェ　　　　　　　　　ヌフ

k [k]　kaki [kaki] 柿　　　kilo [kilo] キログラム
カキ　　　　　　　　　　キロ

q [k]　cinq [sɛ̃k] 5
サンク

qu [k] 英語のように [kw] と発音しないように注意しましょう。

qui [ki] 誰が　　　　　question [kɛstjɔ̃] 質問
キ　　　　　　　　　　　ケスティヨン

r [r]　日本語にはない子音です。舌先を下の歯につけて，喉ひこをふるわせて，うがいをするときのように息を出して発音します。

roi [rwa] 王　　　　　liberté [libɛrte] 自由
ロワ　　　　　　　　　　リベルテ

x [ks] [gz] [s] の3通りの読み方があります。

excepté [ɛksɛpte] 除いて　　exemple [ɛgzɑ̃pl] 例
エクセプテ　　　　　　　　　　エグザンプル

soixante [swasɑ̃t] 60
ソワサント

(B) 語末の子音

フランス語では語末の子音は，原則として発音されません。

Paris [pari] パリ　　　alphabet [alfabɛ] アルファベット
パリ　　　　　　　　　　　アルファベ

tabac [taba] タバコ
タバ

ただし，c, f, l, r の場合には発音されることがあります（英語の単語 careful に含まれる子音に「注意」と，おぼえるとよ

いでしょう)。

avec [avɛk] 〜と一緒に　　bœuf [bœf]　牛
アヴェック　　　　　　　　　　　ブフ

sol [sɔl] 地面　　mer [mɛr]　海
ソル　　　　　　　メール

(C) 二重子音字の発音

原則として同じ子音字が続くときは1個として発音します。

apporter [apɔrte]　持ってくる
アポルテ

また異なった子音が続くときは，これを分けて発音します。

aspect [aspɛ]　側面，様子
アスペ

ただし，次に来る母音の種類によって発音が異なる二重子音字があります。

cc　cc + a, o, u は [k]　cc + e, i は [ks]　と発音します。

accord [akɔr] 一致　　　accident [aksidɑ̃]　事故
アコール　　　　　　　　　アクスィダン

gg [g]　aggraver [agrɑve]　重くする
アグラヴェ

gg + e [gʒ]　suggérer [sygʒere]　暗示する
スュグジェレ

sc　sc + e, i は [s], sc + a, o, u は [sk] と発音します。

scène [sɛn]　場面　　　science [sjɑ̃s]　科学
セーヌ　　　　　　　　　スィアンス

scandale [skɑ̃dal]　スキャンダル
スキャンダル

(D) 複子音字の発音

2つの子音字でひとつの音を出すものがあります。

ch [ʃ]　唇を丸く前に突き出して発音します。

chambre [ʃɑ̃br]　部屋　　chanson [ʃɑ̃sɔ̃]　歌
シャンブル　　　　　　　　シャンソン

☆ ch [k] の場合もあります。

chrétien [kretjɛ̃] キリスト教徒
クレティアン

psychologie [psikɔlɔʒi] 心理学
プスィコロジー

gn [ɲ]	signe [siɲ] スィーニュ	記号	montagne [mɔ̃taɲ] モンターニュ	山
ph [f]	photo [fɔto] フォト	写真	philosophie [filɔzɔfi] フィロゾフィ	哲学
th [t]	thé [te] テ	お茶	théâtre [teɑtr] テアートル	劇場

§4　音節の切り方

　母音を核としてまわりに子音を伴って構成される音の単位を音節といいます。したがって，母音の数だけ音節があることになります。音節の切り方は，改行するときの綴り字の切り方や，母音の e の読み方，エリズィヨン，アンシェヌマンなどの発音ともかかわってきます。

1）　母音がひとつしかない単音節の場合はそのまま。

　　le,　la,　les
　　ル　ラ　レ

2）　多音節語では，原則として子音の前で切ります。母音で終わる音節を開音節，子音で終わる音節を閉音節と呼びます。

　　ami　→　a-mi,　　　　　maison　→　mai-son
　　アミ　　　　　　　　　　メゾン

3）　子音が重なるときは子音の間で切ります。

　　arriver　→　ar-river,　　action　→　ac-tion
　　アリヴェ　　　　　　　　　アクスィヨン

　　　ただし，後の子音が l あるいは r のときは，これを子音群とみなし，切り離しません。

　　table　→　ta-ble　　　　esprit　→　es-prit
　　ターブル　　　　　　　　　エスプリ

§5　発音上の約束

　ひとつのまとまった意味を持つ単位を連続して発音するために，次のような現象が生じます。

(A) リエゾン (liaison)

語末にある発音されない子音字（-d, -g, -p, -r, -s, -x, -z など）が，次の語頭の母音と結びついて発音されることがあり，これをリエゾンと呼びます。その場合，-d は [t]，-g は [k]，-s は [z] と発音されます。

1) 冠詞＋名詞　　un arbre [œ̃narbr]　　des étoiles [dezetwal]
　　　　　　　　アンナルブル　　　　　デゼトワル
2) 形容詞＋名詞　grand arbre [grɑ̃tarbr]　petit enfant [ptitɑ̃fɑ̃]
　　　　　　　　グランタルブル　　　　プチタンファン
3) 代名詞＋動詞　vous êtes [vuzɛt]　　nous avons [nuzavɔ̃]
　　　　　　　　ヴゼット　　　　　　ヌザヴォン
4) 副詞＋形容詞　très utile [trɛzytil]
　　　　　　　　トゥレズュティル
5) 前置詞＋冠詞　dans un an [dɑ̃zœ̃nɑ̃]
　　　　　　　　ダンザンナン
6) その他　　　　quand il [kɑ̃til]　plus ou moins [plyzumwɛ̃]
　　　　　　　　カンティル　　　　プリュズモワン

☆名詞主語と動詞のあいだ，接続詞 et のうしろではリエゾンしません。

Jacques / est [ʒak ɛ]　un garçon et / une fille [œ̃ garsɔ̃ e yn fij]
ジャック　エ　　　　　アンガルソン　エ　ユヌ　フィーユ

(B) アンシェヌマン (enchaînement)

語末にある発音される子音が，次の単語の語頭の母音と連続して発音される現象を，アンシェヌマンと呼びます。子音で終わる音節（閉音節）が母音で終わる音節（開音節）に変わることになります。

il‿a [il a] → [i la]　　il‿aime [il em] → [i lem]
イラ　　　　　　　　　イレム

(C) エリズィヨン (élision) ── 母音字省略

フランス語は一般に母音が続くこと（母音＋母音）をきらいます。次に示す語は，母音（または無音の h ）で始まる語が続くと，母音字が省略され，その代わりにアポストロフを置きます。これをエリズィヨンと呼びます。

ce, de, je, jusque, la, le, me, ne, que, se, te

ce + est → c'est　　je + ai → j'ai
　　　　　　セ　　　　　　　　　ジェ

le + hôtel → l'hôtel　　la + étoile → l'étoile
　　　　　　ロテル　　　　　　　　　　レトワル

que + il → qu'il
　　　　　キル

☆なお，si は，次に il, ils が来るときのみエリズィヨンします。

si + il → s'il　　　si + ils → s'ils
　　　　スィル　　　　　　　　スィル

§6　フランス語の句読記号

.	point ポワン	?	point d'interrogation ポワン　ダンテロガスィヨン
,	virgule ヴィルギュール	!	point d'exclamation ポワン　デクスクラマスィヨン
:	deux-points ドゥポワン	《 》	guillemets ギュメ
;	point-virgule ポワンヴィルギュール	( )	parenthèses パランテーズ
—	tiret ティレ	[ ]	crochets クロシェ

[動詞活用表]

être
分詞　現在分詞：étant　過去分詞：été

直説法

現在	複合過去	半過去	大過去
je suis	j'ai été	j'étais	j'avais été
tu es	tu as été	tu étais	tu avais été
il est	il a été	il était	il avait été
nous sommes	nous avons été	nous étions	nous avions été
vous êtes	vous avez été	vous étiez	vous aviez été
ils sont	ils ont été	ils étaient	ils avaient été

単純過去	前過去	単純未来	前未来
je fus	j'eus été	je serai	j'aurai été
tu fus	tu eus été	tu seras	tu auras été
il fut	il eut été	il sera	il aura été
nous fûmes	nous eûmes été	nous serons	nous aurons été
vous fûtes	vous eûtes été	vous serez	vous aurez été
ils furent	ils eurent été	ils seront	ils auront été

接続法

現在	過去	半過去	大過去
je sois	j'aie été	je fusse	j'eusse été
tu sois	tu aies été	tu fusses	tu eusses été
il soit	il ait été	il fût	il eût été
nous soyons	nous ayons été	nous fussions	nous eussions été
vous soyez	vous ayez été	vous fussiez	vous eussiez été
ils soient	ils aient été	ils fussent	ils eussent été

条件法

現在	過去
je serais	j'aurais été
tu serais	tu aurais été
il serait	il aurait été
nous serions	nous aurions été
vous seriez	vous auriez été
ils seraient	ils auraient été

命令法

sois
soyons
soyez

avoir

分詞　現在分詞：ayant　過去分詞：eu

直説法

現在	複合過去	半過去	大過去
j'ai	j'ai eu	j'avais	j'avais eu
tu as	tu as eu	tu avais	tu avais eu
il a	il a eu	il avait	il avait eu
nous avons	nous avons eu	nous avions	nous avions eu
vous avez	vous avez eu	vous aviez	vous aviez eu
ils ont	ils ont eu	ils avaient	ils avaient eu

単純過去	前過去	単純未来	前未来
j'eus	j'eus eu	j'aurai	j'aurai eu
tu eus	tu eus eu	tu auras	tu auras eu
il eut	il eut eu	il aura	il aura eu
nous eûmes	nous eûmes eu	nous aurons	nous aurons eu
vous eûtes	vous eûtes eu	vous aurez	vous aurez eu
ils eurent	ils eurent eu	ils auront	ils auront eu

接続法

現在	過去	半過去	大過去
j'aie	j'aie eu	j'eusse	j'eusse eu
tu aies	tu aies eu	tu eusses	tu eusses eu
il ait	il ait eu	il eût	il eût eu
nous ayons	nous ayons eu	nous eussions	nous eussions eu
vous ayez	vous ayez eu	vous eussiez	vous eussiez eu
ils aient	ils aient eu	ils eussent	ils eussent eu

条件法

現在	過去
j'aurais	j'aurais eu
tu aurais	tu aurais eu
il aurait	il aurait eu
nous aurions	nous aurions eu
vous auriez	vous auriez eu
ils auraient	ils auraient eu

命令法

aie
ayons
ayez

aimer

❀分詞　現在分詞：aimant　過去分詞：aimé

❀直説法

現在	複合過去	半過去	大過去
j'aime	j'ai aimé	j'aimais	j'avais aimé
tu aimes	tu as aimé	tu aimais	tu avais aimé
il aime	il a aimé	il aimait	il avait aimé
nous aimons	nous avons aimé	nous aimions	nous avions aimé
vous aimez	vous avez aimé	vous aimiez	vous aviez aimé
ils aiment	ils ont aimé	ils aimaient	ils avaient aimé

単純過去	前過去	単純未来	前未来
j'aimai	j'eus aimé	j'aimerai	j'aurai aimé
tu aimas	tu eus aimé	tu aimeras	tu auras aimé
il aima	il eut aimé	il aimera	il aura aimé
nous aimâmes	nous eûmes aimé	nous aimerons	nous aurons aimé
vous aimâtes	vous eûtes aimé	vous aimerez	vous aurez aimé
ils aimèrent	ils eurent aimé	ils aimeront	ils auront aimé

❀接続法

現在	過去	半過去	大過去
j'aime	j'aie aimé	j'aimasse	j'eusse aimé
tu aimes	tu aies aimé	tu aimasses	tu eusses aimé
il aime	il ait aimé	il aimât	il eût aimé
nous aimions	nous ayons aimé	nous aimassions	nous eussions aimé
vous aimiez	vous ayez aimé	vous aimassiez	vous eussiez aimé
ils aiment	ils aient aimé	ils aimassent	ils eussent aimé

❀条件法

現在	過去
j'aimerais	j'aurais aimé
tu aimerais	tu aurais aimé
il aimerait	il aurait aimé
nous aimerions	nous aurions aimé
vous aimeriez	vous auriez aimé
ils aimeraient	ils auraient aimé

❀命令法

aime
aimons
aimez

動詞活用表

finir

❀分詞　現在分詞：finissant　過去分詞：fini

❀直説法

現在	複合過去	半過去	大過去
je finis	j'ai fini	je finissais	j'avais fini
tu finis	tu as fini	tu finissais	tu avais fini
il finit	il a fini	il finissait	il avait fini
nous finissons	nous avons fini	nous finissions	nous avions fini
vous finissez	vous avez fini	vous finissiez	vous aviez fini
ils finissent	ils ont fini	ils finissaient	ils avaient fini

単純過去	前過去	単純未来	前未来
je finis	j'eus fini	je finirai	j'aurai fini
tu finis	tu eus fini	tu finiras	tu auras fini
il finit	il eut fini	il finira	il aura fini
nous finîmes	nous eûmes fini	nous finirons	nous aurons fini
vous finîtes	vous eûtes fini	vous finirez	vous aurez fini
ils finirent	ils eurent fini	ils finiront	ils auront fini

❀接続法

現在	過去	半過去	大過去
je finisse	j'aie fini	je finisse	j'eusse fini
tu finisses	tu aies fini	tu finisses	tu eusses fini
il finisse	il ait fini	il finît	il eût fini
nous finissions	nous ayons fini	nous finissions	nous eussions fini
vous finissiez	vous ayez fini	vous finissiez	vous eussiez fini
ils finissent	ils aient fini	ils finissent	ils eussent fini

❀条件法

現在	過去
je finirais	j'aurais fini
tu finirais	tu aurais fini
il finirait	il aurait fini
nous finirions	nous aurions fini
vous finiriez	vous auriez fini
ils finiraient	ils auraient fini

❀命令法

finis
finissons
finissez

索引

和文索引

あ
アクサン・グラーヴ 193
アクサン・スィルコンフレクス 193
アクサン・テギュ 193
アポストロフ 193, 194
アルファベ 2
　——の筆記体 3
アンシェヌマン 203
エリズィヨン 203
音節の切り方 202

か
過去（条件法） 157
　——（接続法） 164
過去における過去 151
　——完了 150
　——「近接過去」と「近接未来」 147
　——現在 146
過去の習慣・反復的行為 146
過去分詞 88
　——構文 175
　——の性数一致 94
感覚動詞 86
関係代名詞 93
　——（前置詞を伴うもの） 118
冠詞 9
間接目的語 60, 189
間接話法 190
　——における条件法過去 159
　——における条件法現在 157
　——における大過去 151
　——における半過去 147
基数 1～20 80
　——21～99 97
基本文型 189
疑問形容詞 37, 117
疑問代名詞 75
　——（選択を示すもの） 75
疑問副詞 38
疑問文 29
強勢形（人称代名詞） 63
強調構文 131
虚辞のne 168
近接過去 44
近接未来 44
句読記号 204
形容詞 14
　——の位置 15

——の最上級　71
　　——の女性形　14
　　——の男性第2形　16
　　——の比較級　67
　　——の複数形　14
現在（直説法）　18, 50-54
　　——（条件法）　154
　　——（接続法）　161
現在分詞　173, 177
　　——複合形　175
国名の性　47
語調緩和　155, 158
語末の子音　200

さ

再帰代名詞　125
最上級（形容詞，副詞）　71
使役動詞　85
ジェロンディフ　176, 177
時間を表す表現　106
指示形容詞　34
指示代名詞　101, 102
時制の一致　191
縮約　47
主語人称代名詞　18
受動態　121
状況補語　189
条件法過去　157
　　——現在　154
序数1〜20　80
　　——21〜99　98

女性名詞　5
　　——の作り方　5
叙法動詞　84
所有形容詞　33
所有代名詞　186
数詞　80, 97, 98
数量の比較　69
接続法過去　164
　　——現在　161
　　——大過去　170
　　——半過去　169
　　——を従える動詞　166
絶対分詞構文　175
セディーユ　193, 194
前過去（直説法）　181
前置詞＋qui　75, 76, 118
　　——＋que　75
　　——＋国名　48
　　——＋quoi　78, 118, 119
　　——＋lequel型　118, 119
前未来（直説法）　113
属詞　94, 189

た

第1群規則動詞　18, 19
　　——の変則形　116
大過去（直説法）　150
　　——（接続法）　170
第2群規則動詞　19, 50
代名動詞　125
　　——の再帰的用法　127

――の受動的用法　128
　　――の相互的用法　128
　　――の命令形　126
単子音字の発音　198
単純過去（直説法）　179
単純未来（直説法）　111
男性名詞　5
単母音字の発音　194
中性代名詞　138
直説法現在　18, 50, 51, 54
　　――前過去　181
　　――前未来　113
　　――大過去　150
　　――単純過去　179
　　――単純未来　111
　　――半過去　145
　　――複合過去　89
直接目的語　60, 189
直接話法　190
綴り字記号　193
定冠詞　10
提示表現　11
天候を表す表現　105
同等比較　67, 68
トレ・デュニオン　193, 194
トレマ　193

な

二重子音字の発音　201
人称代名詞（主語）　18
　　――（目的語）　60, 135

　　――の強勢形　63
　　――の強調　132
年号の読み方　99

は

pas以外の否定　27
半過去（直説法）　145
　　――（接続法）　168
半母音の発音　197
比較級（形容詞・副詞）　67, 68
日付の読み方　82
否定疑問　31
否定の冠詞 de　26
否定文　25
否定命令　41
非人称構文　105
非人称動詞　105
鼻母音の発音　197
描写の半過去　146
不規則動詞（-ir型）　51
　　――（-oir型）　54
　　――（-re型）　54
　　――の活用パターン　57
複合過去（直説法）　89
　　――の疑問形　90
　　――の形態　89
　　――の否定形　90
複子音字の発音　201
副詞的代名詞　138, 140, 141
副詞の最上級　72
　　――の比較級　68

複母音字の発音　196
不定冠詞　9
不定詞を従える動詞　84
不定代名詞　184
部分冠詞　10
母音字省略　203
母音の種類　194
母音の発音　194
放任動詞　86
本質的代名動詞　128

ま

無音の h　199
名詞の数　6
名詞の性　5
　──（国名の）　47
命令を表す単純未来　112
命令法　40
目的語人称代名詞　60, 135
　──の位置　61

や

有音の h　199
優等最上級　71, 72
優等比較　67, 68
曜日と月　81

ら

リエゾン　203
劣等最上級　71, 72
劣等比較　67, 68

欧文索引

acheter　116
aimer　20, 89, 111, 150, 207
aller　43, 89, 150
aller＋不定詞　44
appeler　116
aussi　67, 68
autant de　69
avoir　23, 206
ceci, cela, ça　101
celui　102
C'est　12
combien　38
comme si＋直説法大過去　152
comme si＋直説法半過去　148
comment　38
connaître　56
courir　52
croire　55
danser　20
de　16, 26, 121
devoir　84
dire　55
dont　93, 95
écrire　55
en　138, 139
-er型　19
Est-ce que　29
être　22, 205
faire　54, 85, 105

faire＋不定詞　85
finir　50, 205
h（無音，有音）　199
Il（非人称）　105, 140
Il est＋形容詞＋de＋不定詞　107
Il faut　107
Il y a　12, 108
-ir型　19
laisser＋不定詞　86
lequel　117
meilleur　68, 72
mettre　55
mieux　68
moins　67, 68
moins de　69
ne ... guère　27
ne ... jamais　27
ne ... pas　25
ne ... plus　27
ne ... point　27
ne ... que　27
-oir型　19
on　123, 184
où　38, 93, 94
ouvrir　52
personne　185
plus　67, 68
plus de　69
pourquoi　38
pouvoir　84

préférer　116
prendre　55
quand　38
Que　75, 93, 94
quel　37
quelque chose　185
Qu'est-ce que/qui　75, 77
Qui　75, 76, 93
Qui est-ce que/qui　75, 76
recevoir　56
rendre　54
-re型　19
rien　185
savoir　84
se faire＋不定詞　123
se laisser＋不定詞　123
se laver les mains　125
se lever　125
Si　31
Si＋直説法半過去　155
Si＋直説法大過去　158
sortir　51
tenir　51
venir　43
venir de＋不定詞　44
venir＋不定詞　45
vivre　56
voici, voilà　11
voir　56
vouloir　84
y　140

[著者略歴]

三野博司（みの　ひろし）

1949年京都生まれ。京都大学卒業，クレルモン=フェラン大学博士課程修了。奈良女子大学名誉教授，放送大学特任教授。

著書　*Le Silence dans l'œuvre d'Albert Camus*（Paris, Corti），『カミュ「異邦人」を読む』『カミュ，沈黙の誘惑』（以上，彩流社），『「星の王子さま」の謎』（論創社），『「星の王子さま」事典』『カミュを読む──評伝と全作品』（大修館書店）

共編著　『フランス名句辞典』（大修館書店），『新リュミエール　フランス文法参考書』『プチット・リュミエール』（以上，駿河台出版社），『文芸批評を学ぶ人のために』『小説のナラトロジー』（以上，世界思想社）他

訳書　サン=テグジュペリ『星の王子さま』，シュペルヴィエル『ノアの方舟』（以上，論創社）他

「星の王子さま」で学ぶフランス語文法

©Mino Hiroshi, 2007　　　　　　　　　　　NDC850／x, 213p／19cm

初版第1刷──2007年4月15日
第5刷──2016年9月1日

著者────────三野博司（みのひろし）
発行者───────鈴木一行
発行所───────株式会社　大修館書店
　　　　　　　　〒113-8541　東京都文京区湯島2-1-1
　　　　　　　　電話03-3868-2651（販売部）03-3868-2294（編集部）
　　　　　　　　振替00190-7-40504
　　　　　　　　［出版情報］http://www.taishukan.co.jp

装丁・ブックデザイン────井村治樹
図版提供──────Succession Antoine de Saint-Exupéry
　　　　　　　　Licensed by Le Petit Prince™　星の王子さま™
印刷所───────広研印刷
製本所───────三水舎

ISBN978-4-469-25074-9　　Printed in Japan

Ⓡ 本書のコピー，スキャン，デジタル化等の無断複製は著作権法上での例外を除き禁じられています。本書を代行業者等の第三者に依頼してスキャンやデジタル化することは，たとえ個人や家庭内での利用であっても著作権法上認められておりません。